AF283411

Traslado del paciente al centro sanitario

Alexandra Hernández Burgos

ic editorial

Traslado del paciente al centro sanitario
© Alexandra Hernández Burgos

1ª Edición

© IC Editorial, 2025

Editado por: IC Editorial
c/ Cueva de Viera, 2, Local 3
Centro Negocios CADI
29200 Antequera (Málaga)
Teléfono: 952 70 60 04
Fax: 952 84 55 03
Correo electrónico: iceditorial@iceditorial.com
Internet: www.iceditorial.com

IC Editorial ha puesto el máximo empeño en ofrecer una
información completa y precisa. Sin embargo, no asume
ninguna responsabilidad derivada de su uso, ni tampoco la
violación de patentes ni otros derechos de terceras partes
que pudieran ocurrir. Mediante esta publicación se pretende
proporcionar unos conocimientos precisos y acreditados
sobre el tema tratado. Su venta no supone para **IC Editorial**
ninguna forma de asistencia legal, administrativa
ni de ningún otro tipo.

Reservados todos los derechos de publicación en cualquier
idioma.

Cualquier forma de reproducción, distribución, comunicación
pública o transformación de esta obra solo puede ser realizada
con la autorización de sus titulares, salvo excepción prevista
por la ley. Diríjase a CEDRO (Centro Español de Derechos
Reprográficos) si necesita fotocopiar o escanear algún
fragmento de esta obra (www.cedro.org).

Según el Código Penal, el contenido está protegido por la ley
vigente que establece penas de prisión y/o multas a quienes
intencionadamente reprodujeren o plagiaren, en todo o en parte,
una obra literaria, artística o científica.

ISBN: 978-84-1184-775-9
Depósito Legal: MA 652-2025

Impresión: PODiPrint
Impreso en Andalucía – España

Nota de la editorial: IC Editorial pertenece a Innovación y Cualificación S. L.

Presentación del manual

El **Certificado de Profesionalidad** es el instrumento de acreditación, en el ámbito de la Administración laboral, de las cualificaciones profesionales del Catálogo Nacional de Cualificaciones Profesionales adquiridas a través de procesos formativos o del proceso de reconocimiento de la experiencia laboral y de vías no formales de formación.

El elemento mínimo acreditable es la **Unidad de Competencia.** La suma de las acreditaciones de las unidades de competencia conforma la acreditación de la competencia general.

Una **Unidad de Competencia** se define como una agrupación de tareas productivas específica que realiza el profesional. Las diferentes unidades de competencia de un certificado de profesionalidad conforman la **Competencia General,** definiendo el conjunto de conocimientos y capacidades que permiten el ejercicio de una actividad profesional determinada.

Cada **Unidad de Competencia** lleva asociado un **Módulo Formativo,** donde se describe la formación necesaria para adquirir esa **Unidad de Competencia,** pudiendo dividirse en **Unidades Formativas.**

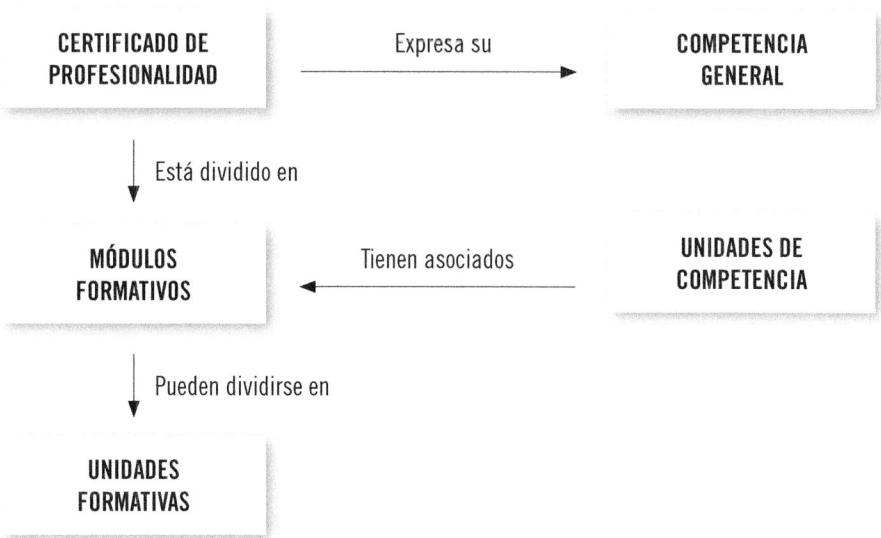

El presente manual desarrolla la Unidad Formativa **UF0683: Traslado del paciente al centro sanitario,**

perteneciente al Módulo Formativo **MF0071_2: Técnicas de inmovilización, movilización y traslado del paciente,**

asociado a la unidad de competencia **UC0071_2: Trasladar al paciente al centro sanitario útil,**

del Certificado de Profesionalidad **Transporte sanitario**

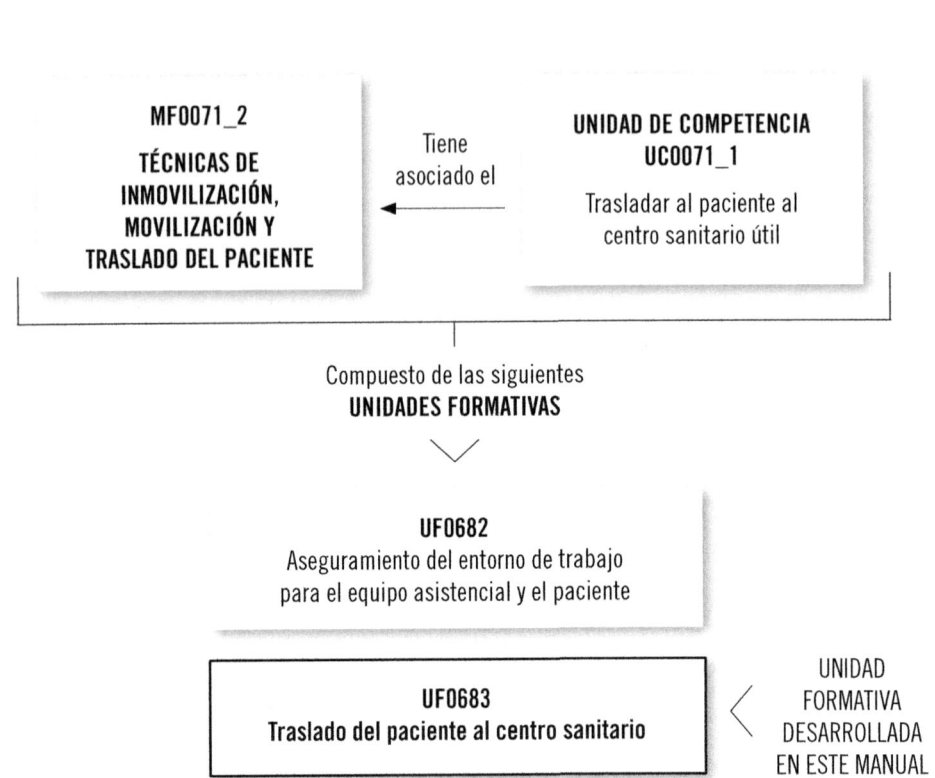

FICHA DE CERTIFICADO DE PROFESIONALIDAD

(SANT0208) TRANSPORTE SANITARIO (R.D. 710/2011, de 20 de mayo)

COMPETENCIA GENERAL: Mantener preventivamente el vehículo y controlar la dotación material del mismo, realizando atención básica sanitaria en el entorno prehospitalario, trasladando al paciente al centro sanitario útil

Cualificación profesional de referencia	Unidades de competencia		Ocupaciones o puestos de trabajo relacionados:
SAN025_2.TRANSPORTE SANITARIO (R. D. 295/2004 de 20 de febrero)	UC0069_1	Mantener preventivamente el vehículo sanitario y controlar la dotación material del mismo.	• 8412.1017: Conductores de ambulancias • Transporte sanitario programado y Transporte sanitario urgente, con equipos de soporte vital básico y equipos de soporte vital avanzado.
	UC0070_2	Prestar al paciente soporte vital básico y apoyo al soporte vital avanzado.	
	UC0071_2	Trasladar al paciente al centro sanitario útil.	
	UC0072_2	Aplicar técnicas de apoyo psicológico y social en situaciones de crisis	

Correspondencia con el Catálogo Modular de Formación Profesional

Módulos certificado	Unidades formativas	Horas
MF0069_1: Operaciones de mantenimiento preventivo del vehículo y control de su dotación material	UF0679: Organización del entorno de trabajo en transporte sanitario	40
	UF0680: Diagnosis preventiva del vehículo y mantenimiento de su dotación material	60
MF0070_2: Técnicas de soporte vital básico y de apoyo al soporte vital avanzado	UF0681: Valoración inicial del paciente en urgencias o emergencias sanitarias	50
	UF0677: Soporte vital básico	60
	UF0678: Apoyo al soporte vital avanzado	50
MF0071_2: Técnicas de inmovilización, movilización y traslado del paciente	UF0682: Aseguramiento del entorno de trabajo para el equipo asistencial y el paciente	40
	UF0683: Traslado del paciente al centro sanitario	60
MF0072_2: Técnicas de apoyo psicológico y social en situaciones de crisis		40
MP0140: Prácticas profesionales no laborales		160

Índice

Capítulo 4
**Transferencia del paciente del lugar del suceso
al área de urgencia**

Capítulo 1
Movilización de pacientes

Contenido

1. Introducción

El traslado del paciente al centro sanitario más cercano comprende una serie de procedimientos previamente realizados por el equipo de transporte sanitario. Por ello, el técnico en transporte sanitario debe tener todo el conocimiento y las habilidades necesarias para realizar las maniobras de movilización de pacientes, disminuyendo las lesiones secundarias que se puedan presentar por la mala práctica de las técnicas.

Sin excepción, todo paciente traumatizado o que se sospeche que tenga un traumatismo debe ser movilizado en bloque con el eje cabeza-cuello-tronco alineado para prevenir lesiones medulares, por ello, antes de la realizar la movilización, se debe inmovilizar y asegurar ese eje. Existen accidentes donde el evento en el que ocurren los hechos o la condición crítica del paciente es tan grave que no permite la inmovilización del mismo y se procede a realizar la movilización inmediata, debido a que prima la vida del paciente sobre la inmovilización de este eje.

En todo momento, al realizar la movilización del paciente, con o sin material, y al hacer el traslado de camilla hay que tener siempre presente la seguridad del paciente y del sanitario, evitar las posibles caídas o golpes del paciente en esta transferencia y las lesiones que pueda sufrir el sanitario derivadas de la mala mecánica corporal utilizada por el mismo.

2. Indicación de técnicas de movilización urgente

Todo equipo sanitario tiene que comprobar que las condiciones de seguridad son las adecuadas para proteger su integridad física, antes de movilizar al paciente.

Antes de iniciar la movilización de urgencia, se debe hacer un análisis rápido y conciso sobre la zona de actuación, el material que se deberá utilizar, la seguridad de la víctima y del equipo sanitario, debido a que los procedimientos que irán encaminados a la evacuación de la víctima se tienen que realizar en un ambiente lo más seguro posible, tanto para el paciente como para los sanitarios. Para trabajar en las condiciones de seguridad más adecuadas, es necesario esperar a que el cuerpo de bomberos y los Cuerpos de Seguridad del Estado aseguren la zona del accidente. Las situaciones que requieren una movilización de urgencia son:

- Riesgo de fuego o fuego.
- Amenaza de violencia o violencia.
- Riesgo de explosión o explosión.
- Zonas con derrumbes o estructuras inestables.
- Riesgo de otros peligros, como electricidad, productos químicos o tráfico.
- Inundaciones o riesgo de inmersión.
- Vehículos u objetos en movimiento.
- Condiciones climáticas extremas: fuertes tormentas eléctricas, temperaturas extremas tanto altas como bajas, rachas de viento fuertes, etc.
- Áreas con materiales peligrosos como agujas.

El técnico en transporte sanitario también estará presente en situaciones que no suponen un riesgo inminente para la vida del paciente, pero que sí es prioritaria su movilización para brindar la asistencia sanitaria necesaria. A continuación, se presentan algunas de dichas situaciones:

- Paciente que se encuentra en un espacio muy reducido y donde no se puede realizar una valoración correcta sobre su estado de salud.
- Paciente o víctima que se encuentra en una posición inadecuada para recibir la asistencia sanitaria.
- Paciente cuyo estado de salud no es crítico, pero que se debe movilizar para poder acceder a otra víctima que sí está en situación crítica.
- Paciente con hemorragias leves o moderadas. Requiere de atención para evitar que se agrave la situación.
- Paciente con alteraciones neurológicas. Si el paciente presentase confusión, somnolencia, convulsiones o movimientos incontrolados.
- Paciente con dolor severo; especialmente en pecho o abdomen.
- Paciente con posible *shock* hipovolémico o anafiláctico.
- Paciente con fracturas o lesiones musculoesqueléticas.
- Paciente con pérdida de conciencia o desmayos. Es imprescindible en estos casos controlar los signos vitales del paciente y colocarlo en posición lateral de seguridad.
- Paciente con dificultades respiratorias o cardiacas graves.

Ejemplo

Un paciente que refiere tener síntomas y signos de un paro cardiaco, pero se encuentra sentado. A este paciente se le debe sacar del sitio donde se encuentre y colocarlo en una superficie plana y dura y en posición decúbito supino, para recibir la atención sanitaria correspondiente.

Todas las situaciones y muchas más que se encontrarán a lo largo del recorrido profesional, exigen que el técnico en transporte sanitario deba saber priorizar a la hora de movilizar al paciente. Si se colocan o no los dispositivos de inmovilización depende de la situación de riesgo presente o de la situación clínica del paciente que pueda comprometer su vida por la posición o localización, es decir, que sea imposible desarrollar las maniobras de resucitación y de estabilización pertinentes. Siempre y sin excepción es más importante la vida del paciente sobre la función.

Recuerde

Las indicaciones para realizar las técnicas de movilización son: riesgo de fuego o fuego, riesgo de violencia o violencia, riesgo de explosión o explosión, derrumbes, accidentes de tráfico, eléctricos y productos químicos, inundaciones, objetos en movimiento, etc.

3. Material de movilización

Existen diversos materiales de movilización del paciente o víctima. Cada material que se utilice siempre debe acoplarse a las características que en el momento necesite el paciente.

En este capítulo, se nombrarán los más utilizados en la práctica habitual de un técnico en transporte sanitario, entre los que se encuentran las sillas y las camillas (de lona, rígidas o de vacío), que, a continuación, se explican más detalladamente.

3.1. Sillas

Las sillas se utilizarán para transportar al paciente con patologías menos complejas.

Antes de utilizar cualquier tipo de silla, se debe tener en cuenta que su funcionamiento sea el adecuado y óptimo para las funciones para las que ha sido diseñada. Para ello, se deben revisar cada vez que vayan a ser usadas en el traslado de cualquier paciente. Se deben tener en cuenta las ventajas e inconvenientes que pueda tener cualquier tipo de silla.

Las ventajas son:

- Cuentan con un cinturón de seguridad que permite la sujeción del paciente e impide al mismo irse hacia adelante.
- Son más fáciles de maniobrar que las camillas.
- Si la superficie de traslado es plana, solo necesitan un sanitario.
- Movilidad en espacios reducidos: hacen posible un transporte ágil en zonas estrechas o de difícil acceso. Por ejemplo: ascensores, pasillos estrechos, escaleras, etc.
- Facilidad de uso: gracias al diseño con materiales especialmente adecuados, las sillas suelen ser ligeras y fáciles de manejar reduciendo además el esfuerzo físico.
- Más confortables para el paciente: en pacientes con patologías leves, ofrece más confort debido a la postura de sedestación frente a la postura de decúbito supino que ofrecen las camillas.
- Rapidez en el traslado: agilizan el proceso de traslado debido al mínimo volumen y su fácil manejo.
- Versatilidad: son plegables y de fácil almacenaje en cualquier tipo de vehículo.

- Reducción de riesgos ergonómicos para el personal sanitario: gracias a la posición que debe adoptar el sanitario para el transporte del paciente en la silla, disminuye el riesgo de lesiones físicas por carga durante el traslado.

Los inconvenientes son:

- Las sillas no deben utilizarse en pacientes politraumatizados o con lesiones graves y pacientes que tengan lesiones medulares o se sospeche que la tengan.
- Cuando el terreno de traslado no es liso, se hace casi imposible trasladar al paciente.
- Limitaciones en el tipo de paciente a transportar: las sillas no son adecuadas para el transporte de pacientes que requieren inmovilización total.
- Posición limitada: no son adecuadas para pacientes con dificultades respiratorias graves o patologías que requieran una postura concreta distinta a la que exige el transporte en la silla.
- Falta de confort para traslados de larga distancia: este tipo de silla está diseñada para traslados cortos, por ello no cuenta con materiales que hagan confortable su uso en periodos de tiempo prolongados.
- Inestabilidad en terrenos irregulares: presentan problemas de estabilidad en superficies irregulares llegando a comprometer la seguridad del paciente.
- Mayor dependencia del personal sanitario: requiere de un mayor apoyo y control por parte del personal sanitario especialmente en pendientes o escaleras.

Los modelos más importantes y utilizados:

- Silla básica: plegable, de estructura ligera y fácil transporte.
- Silla de transporte: ligera, compacta y plegable. Disponen de ruedas pequeñas y las suelen empujar un acompañante.
- Silla de ruedas reclinable: ofrece la opción de reclinar el respaldo y elevar los reposapiés. Aporta un extra de comodidad al paciente.
- Silla de ruedas ligera o ultraligera: fabricada con materiales muy ligeros es ideal para su transporte debido a su mínimo peso.

- Silla con sistema de evacuación: están diseñadas para la evacuación en casos de emergencias. Además, cuentan con un mecanismo para descender por las escaleras de forma segura.
- Silla de ruedas eléctrica de baja potencia: silla autónoma que guía el propio paciente. Suele usarse en trayectos cortos.

3.2. Camilla de lona o plegable

Las camillas sirven para transportar pacientes (en posición decúbito supino) desde el vehículo o lugar del siniestro hasta la ambulancia o, cuando la ambulancia llega al centro hospitalario, desde estas al servicio de urgencias.

La camilla de lona o plegable es una camilla fuerte con un mecanismo sencillo para doblar, guardar y usar.

Sus características son:

- No dispone de ruedas y está hecha de material plástico.
- Se debe guardar y transportar cerrada.
- Se recomienda para pacientes que no presenten lesiones traumáticas.
- Se utiliza colocando al paciente en su interior y cada sanitario debe coger las asas que hay en cada borde, que permiten la sujeción de la lona cuando el paciente está dentro de la camilla.
- Se necesitan mínimo dos sanitarios.
- Mide aproximadamente 60 cm de ancho y 2 m de largo.

Camilla de lona

3.3. Camilla rígida

Está construida en distintos materiales, como puede ser de madera, metálicas o acrílicos.

Esta camilla es más estable y rígida que la anterior y cuenta con pasadores superiores, inferiores y laterales, que mejoran el agarre y simplifican la carga durante el traslado.

Se utiliza para el transporte de lesionados medulares o que se sospeche que tengan este tipo de lesión. Una variedad de camilla rígida es conocida como tipo Miller, que es más liviana que las de madera, resistente al agua y radiolúcida, lo que permite hacer radiografías a la víctima en la misma camilla.

 Nota

Para inmovilizar al paciente, la camilla rígida utiliza un arnés integral.

Está camilla debe reunir las siguientes características:

- Tener una longitud aproximadamente de entre 1,70 y 1,80 m.
- Debe soportar pesos máximos de entre 180 y 200 kg.
- Debe ser rígida, dura, que al subir al paciente a la camilla esta no se doble.
- Las asas laterales deben ser amplias, de tal manera que se puedan introducir las manos a través de ellas sin dificultad; además, deben permitir el paso de cualquier inmovilizador, por ejemplo el arnés.
- Tiene la desventaja que muchas veces son construida con materiales radiopacos a los rayos X (como la madera y el metal), por lo que hay que cambiar al paciente de camilla para realizarle una radiografía.

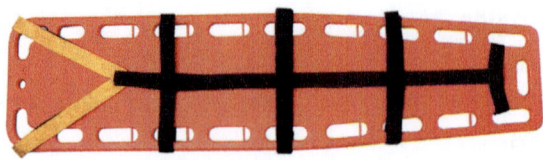

Camilla rígida con arnés

3.4. Camilla de vacío o colchón de vacío

Es un colchón de movilización e inmovilización hecho de material plástico y en su interior hay pelotas pequeñas, cuya función es abombarse y adaptarse al cuerpo del paciente, al hacerse el vacío con la ayuda de una bomba de mano o pie. Estas pelotas pequeñas se unen, creando un grupo rígido y moldeable que se adapta a las curvaturas fisiológicas y patológicas del cuerpo del paciente e impide su desplazamiento. La sujeción se complementa con los cinturones de fijación.

Este moderno sistema de movilización e inmovilización es considerado como uno de los más eficaces dispositivos de traslado de pacientes. Además, es confortable y amortigua las vibraciones durante el trayecto, es seguro y permite el traslado horizontal y vertical de la víctima.

Tiene dos desventajas, la primera es tener cuidado en la superficie donde se va a colocar, ya que cualquier pinchazo lo puede dañar. Y segundo, su tamaño duplica el de una camilla normal.

Camilla o colchón de vacío

 **Nota**

No se debe utilizar en suelos dañados, se debe revisar que el suelo sea totalmente liso, no se utiliza en el interior de vehículos ni en terrenos accidentados.

3.5. Otros tipos de camillas

Otros tipos de camillas podrían ser:

- **Camilla de cuchara o SCOOP-STRICHER.** Se dividen en 2 partes a lo largo de su eje longitudinal, lo que permite pasarla por debajo del paciente para su colocación.
- **Camilla de canasta de rescate o STOKES.** Utilizada en búsqueda y salvamento en lugares poco accesibles y salvamento con helicóptero; consta de una estructura rígida metálica, en la que se introduce y fija a la víctima.
- **Camilla telescópica.** Con estructura metálica y ruedas. Son articuladas y permiten variar la posición del paciente según necesidades. Se puede doblar y plegar, facilitando la entrada y salida del vehículo.
- **Camilla flotante o acuática.** Diseñada para flotar en el agua, construida con materiales impermeables y de gran resistencia. Se emplea para rescates en zonas acuáticas o inundaciones.
- **Camilla neonatal o pediátrica.** Usada para pacientes pediátricos con sistemas de soporte específicos para este tipo de pacientes.
- **Camilla bariátrica.** Diseñada para el traslado de pacientes con sobrepeso o de gran tamaño.

Aplicación práctica

El hospital regional donde usted trabaja recibe una llamada de emergencia donde explican que se ha producido un derrumbe en un edificio antiguo que está ubicado en la Calle Alfonso X el Sabio. La persona que realiza la llamada refiere no saber específicamente cuántas personas se encontraban en el interior del edificio, pero que por lo menos había 5. Según su conocimiento como transportista sanitario, usted debe preparar el material de movilización para este incidente. Explique cuál sería el o los materiales de movilización que llevaría y por qué.

SOLUCIÓN

Los materiales de movilización que deben preparase son los tres tipos de camillas (de lona, rígida y de vacío), debido a que el incidente es el derrumbe de una estructura y es imposible manejar los dos tipos de sillas (de evacuación y de ruedas).

Cuando el equipo de trasporte sanitario llegue al lugar del siniestro, analizará la situación y el riesgo que pueda haber para las víctimas y para el equipo sanitario. En ese mismo momento, se determinará cuál de las tres camillas se utilizará, dependiendo de la gravedad de las lesiones de las víctimas y de las condiciones físicas que pueda presentar el propio derrumbe.

---

4. Técnicas de movilización urgente sin material en situación de riesgo

En el siguiente apartado, se verán una serie de técnicas de primeros auxilios, que se utilizarán en caso de riesgo vital inminente por la víctima, que ayudarán en la movilización y traslado de los pacientes que se encuentren en situación de riesgo o urgencia, pero, para poder realizar dichas técnicas, muchas veces no se dispone de material específico, teniendo que realizar varias maniobras, entre ellas, las que se describen a continuación.

4.1. Arrastrar

Es una técnica muy útil y a la vez menos traumática al desplazar o movilizar a una persona, ya sea obesa o corpulenta, pero, además, tiene la ventaja de que cuando haya que movilizar a la víctima en un sitio angosto u estrecho, de difícil acceso, o de altura escasa, se aplicaría esta técnica, a menos de que presente fracturas.

 Nota

Este método es el más sencillo y útil que se podría emplear como técnica de movilización en la mayoría de los pacientes.

En esta técnica se debe tener en cuenta lo siguiente:

1. Verificar que la situación es segura para el profesional sanitario. A continuación, se comprueba si el paciente está consciente, si es así, se le explica lo que se le va a hacer para tranquilizarlo.
2. El profesional sanitario debe situarse sobre el paciente, colocando los brazos alrededor del cuello y, caminando agachado, se arrastra a la víctima.

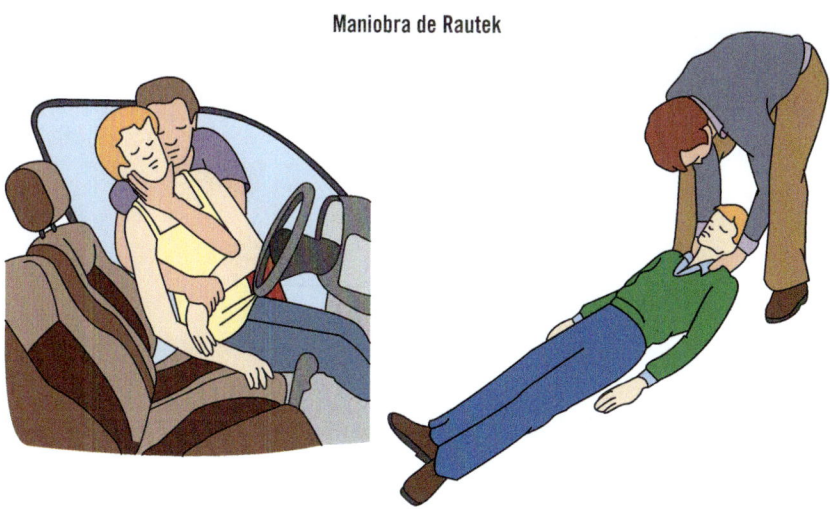

Maniobra de Rautek

3. Cuando haya terrenos planos, se deben elevar las piernas de la víctima, sujetándola por los tobillos y tirando de ellos; en el momento de desplazar a la víctima, se debe mantener alineado el eje de la cabeza, cuello y tronco.

Arrastre de la víctima por los tobillos

4. Cuando el terreno no permita realizar la maniobra de tracción por los pies, el técnico sanitario deberá situarse detrás de la víctima y, al momento de movilizarla, deberá evitar hacer giros bruscos del cuello. Se le pedirá al paciente cruzar los brazos sobre su pecho. El técnico deberá pasar los brazos por debajo de las axilas del paciente y, a la vez, cogerá sus brazos para arrastrarlo con mucho cuidado.

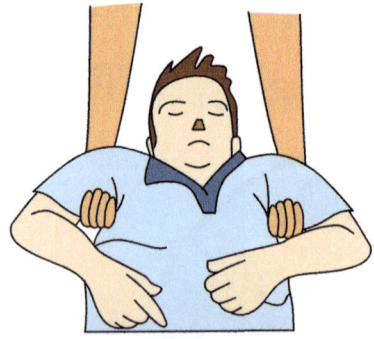

Arrastrar a una víctima por las axilas

4.2. Traslado de un accidentado cuando está solo un socorrista

Cuando se disponga de un solo socorrista, la técnica a elegir va a depender del estado del paciente. Esta debe estar basada en una movilización segura, eficiente y que minimice el riesgo de crear o agravar lesiones ya existentes.

Las más comunes son las siguientes:

- **Arrastre por las axilas y hombros:** ideal para terrenos planos donde el tiempo corre en contra.
- **Arrastre con manta:** proporciona mayor estabilidad y es más cómodo en trayectos largos.
- **Cargar al paciente (carga de bombero):** es útil en pacientes ligeros siempre que el socorrista presente fuerza para ello. Es útil en entornos donde no es posible el arrastre.
- **Levantamiento en silla:** es útil en espacios cerrados o con acceso a elevadores.
- **Arrastre de pie o de tobillos:** solo se usa cuando es necesario evacuar al paciente de un lugar extremadamente peligroso y no es posible acceder a la parte superior de su cuerpo.

4.3. Extracción de la víctima del interior de un vehículo (maniobra de Rautek)

Con el fin de proteger la columna vertebral, para evitar tanto lesiones como traumatismos medulares, la maniobra que se aplicaría se llama maniobra de Rautek, que es la única técnica que se puede aplicar para extraer a un paciente de un vehículo de manera urgente y sin material de rescate, disminuyendo así los riesgos para la víctima.

Es recomendable siempre el uso de collarín y tabla de cuchara o tablero espinal para la extracción de los accidentados. La ejecución de esta maniobra solo se realizará en caso de no tener accesibles estos dispositivos y de riesgo vital inminente del accidentado.

En esta técnica hay que tener en cuenta lo siguiente:

- Verificar que la situación es segura para el profesional sanitario. A continuación, se comprueba si el paciente está consciente, si es así, se le explica lo que se le va a hacer para tranquilizarlo.
- Revisión de los miembros inferiores del paciente o víctima. Se debe comprobar que no se encuentren aprisionados con los pedales o el timón del vehículo.
- Dar seguridad y apoyo a la víctima.
- El técnico sanitario situará los antebrazos bajo las axilas del paciente. Con la mano más distal, el sanitario debe coger el antebrazo contralateral de la víctima y, con la otra mano, debe sujetar el mentón. El sanitario apoyará su cara contra la del paciente.

 Nota

Se debe tener en cuenta el lado por donde se sacará al paciente para saber qué mano estará más distal para ayudar al paciente.

- Se realizará un movimiento coordinado, donde se elevará y girará al paciente de tal manera que la espalda permanezca apoyada sobre el tronco del sanitario, debiendo quedar alineada. Hecho lo anterior, se podrá iniciar con el traslado de la víctima al exterior del vehículo.

Iniciando extracción de la víctima del coche

En la siguiente tabla, se mostrarán las distintas técnicas de la maniobra de Rautek, que todo personal sanitario debe tener en cuenta en el momento en que se llegue presentar una urgencia de esta índole.

1. El sanitario se debe situar en la parte posterior del vehículo, comprobando las constantes vitales del accidentado y que el cuerpo no se encuentre aprisionado por ninguna de las partes del vehículo.
2. En el momento de efectuar la tracción de la cabeza y el cuello, el celador posicionará los pulgares en la nuca del individuo y el resto de los dedos en la mandíbula inferior. Una vez la posición tomada, iniciará la alineación de la cabeza, cuello y tronco.

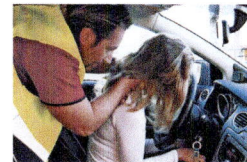

3. El segundo sanitario, desde fuera del vehículo, sujeta a la víctima pasando el brazo por debajo de la axila y el brazo del accidentado, sujetándole con la otra mano los brazos, que anteriormente se le han cruzado.
4. El mismo sanitario que se encuentra en el exterior, con el brazo que tiene pasado por debajo de la axila opuesta, deberá sujetar la mandíbula del herido, permitiendo que el sanitario que está en el interior colabore levantando sus dedos y facultando la sujeción de la mandíbula.

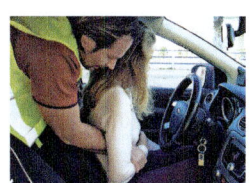

5. Con la mandíbula sujeta, el sanitario del exterior se ayudará de su hombro para alinear la columna y la cabeza, mientras sigue sujetando la cabeza por delante con la mano que tiene por debajo de la axila del accidentado. Durante la maniobra, el sanitario del interior habrá ido dejando de realizar la tracción, para tomar el relevo del segundo sanitario.
6. Una vez que tenga el sanitario del exterior control del cuerpo, se saldrá del vehículo para ayudar al otro sanitario a liberar los pies del accidentado, si se requiriese, y cargar con las piernas del mismo.

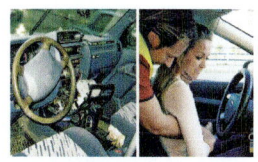

7. Una vez en posición, el sanitario del exterior, que es el que controla la región cervical, avisará al otro sanitario cuando esté listo para la extracción del accidentado.

Continúa en página siguiente >>

<< Viene de página anterior

8. Ya fuera del vehículo, depositarán al accidentado en posición de semisentado.
9. El sanitario que le sujetaba las piernas se las extenderá sobre el suelo, pasando después directamente a realizar la tracción de la cabeza, para que el sanitario que lo tenía sujetado se libere y consigan poder tumbarlo.

10. El sanitario que sea liberado de la sujeción al extraer el cuerpo, utilizará uno de sus brazos pegado a la columna a modo de tabla.
11. Una vez el cuerpo en posición horizontal, se procederá a la colocación de un cojín, chaqueta, etcétera, bajo la cabeza, e improvisará un collarín cervical, ya sea con periódico, cartón, etcétera.

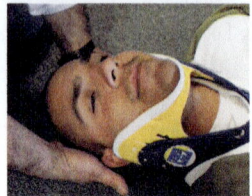

4.4. Transporte rápido para distancias cortas

Ciertas maniobras son válidas para el traslado a pacientes en distancias cortas, siempre y cuando no se produzcan daños, traumatismos o facturas de huesos largos. En el caso de que los pacientes no presentasen lesiones graves, el método más útil para movilizar tanto a niños como a adultos de menor peso es tomarlo en brazos. Los pasos son los que se detallan a continuación.

Técnicas de carga

Estas maniobras suponen tomar a la víctima encima de como si fuese un bulto que se tuviese que llevar.

Importante

Se tendrá en cuenta que en esta técnica regirán siempre las reglas ergonómicas generales para el manejo de cargas.

Traslado a cuestas

En esta técnica hay que tener en cuenta poder con el peso de la víctima durante todo el tiempo que dure el traslado (conocer la propia capacidad de fuerza y resistencia). Se echará el peso de la víctima en la espalda y se la levantará con sus brazos alrededor del cuello del sanitario.

 Nota

En el caso de que no se pueda con el peso, se debe siempre parar a descansar, cuando la situación lo permita.

Traslado en brazos

Conocido como método de la cuna, consiste en pasar un brazo por debajo de la espalda de la víctima, quedando la mano por debajo del brazo más alejado, y la otra por debajo de sus rodillas. Si el paciente estuviese consiente, colaborará abrazando al sanitario con sus manos, lo cual facilitará la carga.

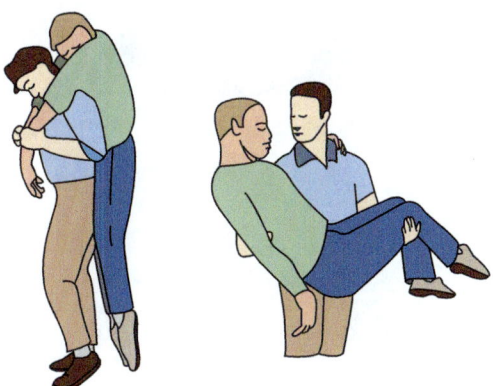

Paciente a cuestas y en brazos del sanitario

Técnica de los hombros o muleta humana

Es la técnica más útil para ayudar al accidentado y se recomienda en los pacientes que pueden andar por sus propios medios, cuando no sea necesario manipularlos desde el suelo (pacientes que están aturdidos o presentan leves lesiones). No es recomendable en caso de fractura de miembros superiores.

Para realizar la técnica de los hombros o muleta humana, hace falta seguir los siguientes pasos:

- La víctima deberá colocar uno de sus brazos alrededor del cuello del técnico sanitario y este último deberá pasar libre alrededor de la cintura de la víctima.
- En el caso de que el paciente tenga sobrepeso, se tendrá que realizar el trasporte entre dos rescatadores.
- Si llegase a tener que bajar escalones, será necesario un tercer rescatador, que ayudará a sujetar las piernas de la víctima.

Destaca el hecho de que el socorrista agarra la víctima por la cintura y la mano, no tratándose de una muleta normal, en donde el paciente se apoya sobre ella, sino que es una muleta humana porque ayuda activamente. Así, el accidentado, se sentirá socorrido en todo momento. Es un sistema lento, dependiendo de lo rápido que se pueda desplazar el paciente.

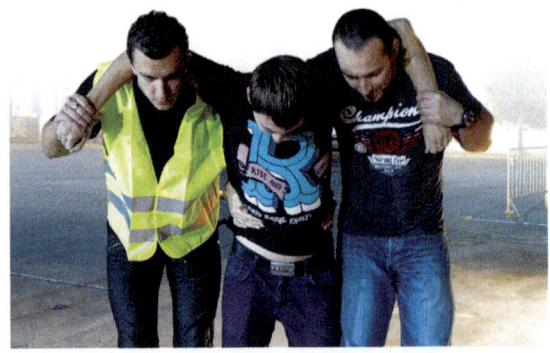

En muleta sobre los hombros del rescatador

Nota

Algunas veces, debido a la gravedad del área donde se encuentre el paciente, habrá que evacuarlo lo más rápido posible. Por consiguiente, se debe cambiar la técnica de remolque para no demorarse mucho en la zona del accidente y así realizar la evacuación de la forma más rápida y segura para el paciente.

Método del bombero

Esta maniobra se aplica en el caso de que la víctima no pueda caminar por sus propios medios o que se encuentre inconsciente. En el caso de que llegase a haber algún paciente pesado y que no pueda levantarse, tendrá que tomarse el método de arrastre, para evitar ciertas lesiones graves, tanto en el rescatador como en la víctima.

 Nota

Esta técnica presenta una ventaja muy importante, ya que el socorrista deja un brazo libre al quedar la víctima colgada sobre sus hombros.

Los pasos a seguir son:

- El socorrista tendrá que situarse frente a la víctima y cogerlo por las axilas. Al mismo tiempo, tendrá que levantarla hasta ponerla de rodillas y, a su vez, con el extremo de los pies sujetando a la víctima, colocándolo frente a los pies del rescatador.
- Por consiguiente, se pasa el brazo izquierdo alrededor del muslo izquierdo de la víctima, levantando el cuerpo y cargando el peso del tronco sobre la espalda del rescatador.

- Cuando el técnico sanitario haya conseguido cargar a la víctima, tendrá que levantarse y desplazar el cuerpo del accidentado para que el peso de la víctima quede bien equilibrado sobre sus hombros.
- Por último, el técnico sujetará con uno de sus brazos el brazo de la víctima.

Método del bombero

1. Levantar al paciente por las axilas	2. Colocándolo frente a los pies del rescatador
3. Cargo el peso sobre la espalda del rescatador	4. Cargando a la víctima

Asiento sobre manos

En este método, se pueden improvisar diferentes tipos de asientos, utilizando dos socorristas, con la ayuda de dos manos, tres o incluso cuatro.

 **Nota**

La diferencia de utilizar de dos a cuatro manos es disponer de un brazo libre de un socorrista, que se podrá utilizar para sostener una extremidad lesionada.

La manera más común de utilizar esta técnica es la siguiente:

- Los sanitarios se deberán coger de sus brazos, entrelazándolos, tomando a la víctima sentada sobre sus brazos, mientras la víctima se sujeta sobre los hombros de los técnicos sanitarios.

Método de traslado con dos rescatadores

4.5. Traslado del paciente en silla

Puede usarse una silla como parihuela. En caso de emergencia, también puede ser trasladado en posición similar sin la silla.

Transporte con silla

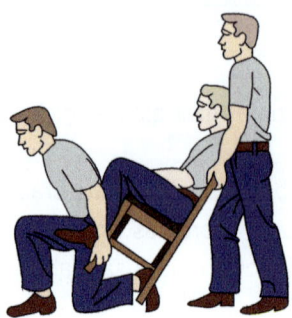

Definición

Parihuela
Artefacto compuesto de dos varas gruesas con unas tablas atravesadas en medio donde se coloca la carga para llevarla entre dos.

Todos estos métodos se utilizarán solo en el caso de que no haya sospecha de lesión a nivel de columna vertebral (a no ser que corra peligro la vida del paciente). Ante esa posibilidad, hay que inmovilizar según indican las técnicas de inmovilización de la columna vertebral.

5. Técnicas de movilización con material

En la movilización de los pacientes, los dispositivos más utilizados son la camilla cuchara y el tablero espinal. Estos materiales tienen como propósito el traslado de paciente desde el lugar del accidente hasta el vehículo en que va a ser trasportado. Esta técnica evita movimientos bruscos del cuerpo y mantiene alineado el eje de cabeza, cuello y tronco.

Una vez que el paciente esté en el vehículo de transporte, es necesario retirar todo tipo de dispositivos que puedan provocar lesiones y, a la vez, utilizar para el trasporte una superficie segura y agradable.

 Nota

Se debe tener especial cuidado con las camillas cuchara y el tablero espinal en traslados largos, ya que pueden presentarse lesiones más graves.

5.1. La camilla cuchara

Esta técnica se utiliza para el traslado del paciente en decúbito supino desde el sitio del accidente hasta el lugar donde le darán la atención sanitaria en el vehículo en que será trasladado.

Sus fases son las siguientes:

- Verificar que la situación es segura para el profesional sanitario. A continuación, se comprueba si el paciente está consciente, si es así, se le explica lo que se le va a hacer para tranquilizarlo.
- Antes de empezar con la movilización con la camilla cuchara, se debe medir la longitud del paciente para que, a su vez, se pueda extender la camilla cuchara y colocarla en la misma longitud.
- Se deben separar las dos hojas de la camilla cuchara y colocar cada una a uno de los lados del paciente.

Importante

Nunca se deben pasar las hojas de la camilla por encima del paciente, ya que con ello se evitan posibles accidentes o lesiones.

- En este caso se necesita de la ayuda de varios técnicos sanitarios, donde:

  - El primer técnico coloca como primera opción un collarín cervical. En caso de no ser posible, este coge el cuello y la cabeza, realizando una tracción cervical (coordina todas las maniobras y va indicando la lateralización del paciente en bloque).
  - El segundo coge al paciente del hombro y la pelvis.
  - El tercero lo toma de la pelvis y las piernas.
  - El cuarto introduce una de las palas por el lateral libre.

- Terminada la maniobra anterior, se procederá a depositar al paciente sobre el suelo y los sanitarios se deberán desplazar hacia el otro lado, con el fin de repetir la maniobra desde el lado contrario. Se coordinan de nuevo las maniobras. Se lateraliza con el propósito de introducir de nuevo la otra hoja de la camilla.

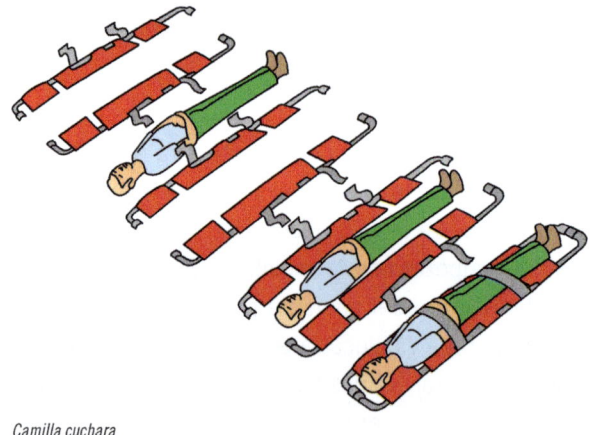

Camilla cuchara

- Terminada la colocación de las hojas de la camilla, se proseguirá con el cierre de los anclajes superiores e inferiores para dar seguridad a la camilla. Cuando se tenga que trasladar al paciente de la camilla a la camilla del vehículo en un corto trayecto no será indispensable sujetar al paciente con las cinchas o cinturones. En el caso contrario, si el traslado es más largo o hay que evitar alguna zona abrupta (badén, talud, desnivel), se debe tener en cuenta de que hay que sujetar al paciente usando los cinturones o cinchas.

- Antes de proceder al traslado del paciente, se deben observar ciertas precauciones en el correcto cierre de los anclajes de las camillas, para evitar así cierto grado de riesgos, con lo cual se impedirían caídas del paciente y disminuiría cierto grado de lesiones. Así mismo, es muy importante la coordinación en la lateralización y en el volteo del paciente, con el propósito de evitar lesiones espinales.

Técnica de traslado, levantamiento del paciente

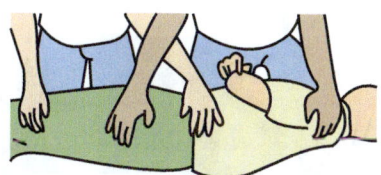

5.2. El tablero espinal

Al realizar el traslado del paciente en decúbito supino desde el lugar del accidente al vehículo de traslado, se deberán usar ciertos materiales, como el tablero espinal, el inmovilizador de columna y la camilla cuchara.

 Nota

Todos estos materiales se utilizarán en el supuesto caso de que el paciente se encontrara en el vehículo accidentado. Son de gran utilidad para evitar lesiones o daños mayores a la víctima, asegurando una óptima extracción.

Como en la técnica anterior, será necesaria la actuación de cuatro rescatadores. Si el paciente llegase a estar en el suelo, se realizarán las mismas
maniobras anteriores de la camilla cuchara.

La técnica de utilización consiste en lo siguiente:

- Verificar que la situación es segura para el profesional sanitario. A continuación, se comprueba si el paciente está consciente, si es así, se le
  explica lo que se le va a hacer para tranquilizarlo.
- Se coloca paralelo al paciente con el arnés e inmovilizador de cabeza
  sueltos.
- Se gira al paciente en bloque a la vez que se introduce el tablero por
  debajo de su cuerpo.
- Se desliza en bloque al paciente hasta centrarlo y se le colocan el arnés
  y el inmovilizador cervical (Dama de Elche).

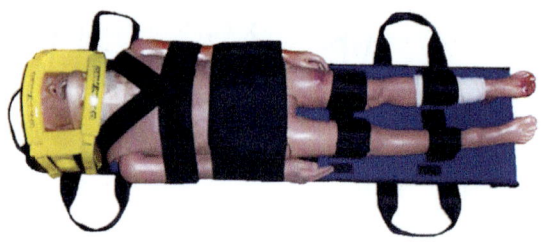

Inmovilizador con tablero espina y tetracameral

5.3. Traslado del paciente en sedestación

El traslado en sedestación está indicado en varios casos:

- Pacientes con dificultades respiratorias.
- Pacientes que presentan dolor torácico (posible angina de pecho o infarto).
- Pacientes que presenten traumatismo craneoencefálico leve (sin sospe-
  cha de lesión cervical).
- Pacientes con náuseas y/o vómitos.
- Pacientes embarazadas en el último trimestre de gestación.
- Pacientes con lesiones abdominales y dolor intenso.
- Pacientes que presenten lesiones en las extremidades inferiores.

Para el traslado del paciente en sedestación, son necesarios los materiales que aparecen en la siguiente tabla.

Silla con ruedas	
Sábana o manta	

Medios personales

En esta técnica, es necesaria la actuación de dos sanitarios para que se puedan llevar a cabo dichas maniobras de una manera limpia y efectiva.

Se desarrollarán las siguientes maniobras:

- Verificar que la situación es segura para el profesional sanitario. A continuación, se comprueba si el paciente está consciente, si es así, se le explica lo que se le va a hacer para tranquilizarlo.
- Informar al paciente y a la familia sobre los procedimientos a ejecutar, ya que en varios casos se pueden presentar problemas.
  Cuando hay que bajar una escalera, el paciente tiende a ponerse nervioso u obligado, lo cual puede ser un peligro, un problema tanto para el paciente como para los técnicos sanitarios.
- El técnico sanitario debe tener iniciativa en el caso de que se presenten todo tipo de obstáculos, sobre todo si el traslado hay que realizarlo en un domicilio, ya que puede haber ciertos objetos que impidan la movilidad.
- Los técnicos sanitarios trasladarán al paciente a la silla, con mucha precaución de no arrancar cualquier objeto que tuviese el accidentado (electrodos, catéteres, cables, etcétera). Después, se continuará con la colocación de cinchas o cinturones para poder inmovilizar al paciente y se terminará colocando una sábana o manta.

- Se comenzará el descenso con la silla, situándolo sobre la escalera y empujándolo suavemente hasta que las palas se deslicen sobre los escalones. Al llegar a la última escalera, se proseguirá colocando la silla en posición vertical y se girará para poder tomar el nuevo tramo de escalera.

Traslado del paciente en sedestación

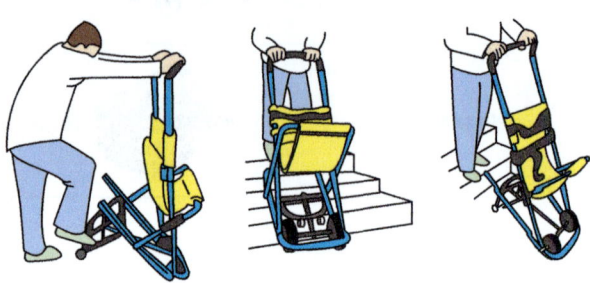

 Importante

Hay que indicar al paciente que no debe agarrarse ni sujetarse a ningún objeto o barandilla mientras se le está transportando, lo cual sería un peligro tanto para él como para los rescatadores.

Traslado en decúbito supino

Este tipo de traslado está indicado especialmente para aquellos que presentan traumatismos, que están inestables y que por ningún motivo toleran la sedestación o en los lugares donde la silla no pueda rodar.

Ya se han nombrado las características, ventajas y desventajas que tienen algunos de los materiales utilizados para la movilización de pacientes. Por ello, en esta sección se hablará de la técnica de colocación de algunos de ellos.

Para tener una idea sobre los materiales que se utilizarán en el traslado en decúbito supino, se nombrará a continuación cada uno de ellos.

 Nota

Es necesario conocer y diferenciar cada uno de estos elementos, debido a que, dependiendo de la situación que se pueda presentar, el equipo a utilizar será diferente.

Los materiales son:

- Lona de traslado
- Colchón vacío
- Camilla cuchara
- Tablero espinal

Una vez estudiado el tipo de material a utilizar, se hará énfasis en las técnicas a aplicar, teniendo en cuenta el diagnóstico, tipo de herida y estado en general del paciente (no es lo mismo trasladar un paciente con heridas leves a trasladar un paciente politraumatizado).

Lona de traslado

El traslado en decúbito supino se hará de la siguiente manera:

- Verificar que la situación es segura para el profesional sanitario. A continuación, se comprueba si el paciente está consciente, si es así, se le explica lo que se le va a hacer para tranquilizarlo.
- Informar al paciente y a la familia sobre los procedimientos a ejecutar o realizar, además de tranquilizar al paciente, explicándole que las maniobras no serán peligrosas. Quitar los elementos u objetos que puedan dificultar el traslado.
- Desplegar la lona en el suelo y colocar un sábana sobre ella, colocar al paciente sobre ella si no presenta lesiones traumatológicas y,

si llegase a presentar dichas lesiones, se la movilizará como en la técnica del manejo de la camilla cuchara. Una vez sobre la lona, se deberán proteger todos los objetos que tuviese el paciente (catéteres, férulas o cualquier otro dispositivo) y se le tapa luego con una sábana o manta para darle al paciente intimidad, abrigarlo.

▪ Para coger la lona, se necesitará de la ayuda de 4 técnicos sanitarios, quienes tendrán como función las siguientes maniobras:

    ▪ El primero y segundo lo toman de los lados.

    ▪ El tercero asegura la cabeza y coordina todas las maniobras.

    ▪ El cuarto coge los pies.

 Recuerde

Es importante indicar al paciente, si está consciente, que no debe agarrarse a ningún objeto, ya que pondría en peligro la realización de las maniobras y se podrían producir lesiones en los rescatadores y en la propia víctima. Si es necesario, se puede detener el traslado para reevaluar al paciente.

Colchón de vacío

Es un material con relleno de bolas de poliespán (es sintético, ligero y aislante), con válvula de apertura y cierre.

Es el más adecuado para el traslado tanto aéreo como terrestre.

Tiene la ventaja de que absorbe gran parte de las vibraciones, aísla al paciente e inmoviliza las lesiones patológicas del todo el cuerpo, impidiendo su desplazamiento.

 **Nota**

Para que la técnica sea más efectiva, se deberá complementar con un collarín cervical y los cinturones que fijan al paciente al colchón.

Cabe resaltar que el colchón de vacío no solo es utilizado como método de movilización, sino también como inmovilizador.

El colchón de vacío está indicado en una serie de patologías concretas:

- Politraumatismo: indicado en caso de sospecha de lesiones en la columna vertebral, pelvis y extremidades.
- Traslados interhospitalarios de pacientes con fijaciones externas.
- Traslados que determinen una posición durante todo el trayecto (decúbito lateral si no se va a poder controlar la vía aérea).

Para desarrollar la técnica de colocación, hay que seguir los siguientes pasos:

- Revisar el funcionamiento del colchón para evitar que esté rasgado o no se pueda realizar el vacío necesario.
- Repartir las bolas de poliespán del interior, con el fin de dar forma al colchón.
- Nunca se deberá depositar al paciente en el colchón vacío. Lo primero es recoger a la víctima en una camilla cuchara para luego trasladarlo al correspondiente colchón vacío.
- Abrir la válvula, extrayendo el aire del colchón con una bomba o aspirador de secreciones, para que vaya tomando la forma del paciente.
- Cerrar la válvula.
- Fijar al paciente con cinchas al colchón y a la camilla de transporte.
- Revisar periódicamente que se mantiene el vacío, comprobando su rigidez.

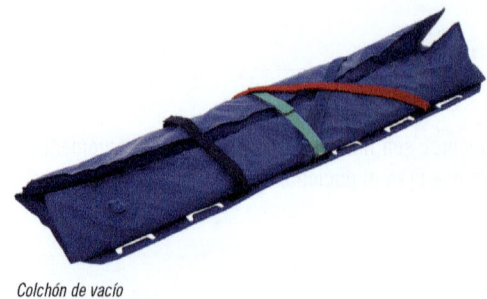

Colchón de vacío

Férulas neumáticas hinchables

Aunque las férulas neumáticas hinchables son utilizadas más que todo en la inmovilización, en algunas ocasiones suelen ser importantes para poder realizar la movilización del paciente, disminuyendo el riesgo de las lesiones secundarias.

Inmovilizan las lesiones osteoarticulares de MMSS Y MMII (fracturas, esguinces y luxaciones) y controlan hemorragias.

Normalmente, son de plástico, con varias cámaras para evitar la isquemia del miembro, con diversas variedades de formas, dependiendo de la extremidad a inmovilizar (brazo, medio brazo, muñeca-mano, pierna, media pierna, y pie-tobillo). Los tipos de cierre que se pueden encontrar pueden ser cremalleras o tipo calcetín.

 Consejo

Preferiblemente, han de utilizarse las férulas trasparentes, ya que ayudan a visualizar la presencia de hemorragias.

Técnica de colocación

En la colocación hacen falta al menos dos sanitarios: mientras uno se encarga de alinear la posición más anatómica de la extremidad a inmovilizar, el otro introduce la férula deshinchada. En el caso de que tuviese cremallera, se colocaría totalmente abierta y luego se cerraría. Si no, se subiría suavemente como si fuese un calcetín. Una vez colocada la férula en el sitio, se procederá a su inflado, ya sea bien a pulmón o por cualquier medio que insufle aire (equipo de oxigenoterapia).

Durante su inflado, se controlarán el pulso periférico y la sensibilidad, así como que se mantenga la tracción sobre el miembro.

Al usar las férulas neumáticas hinchables, se pueden encontrar las siguientes complicaciones:

▪ Error en la colocación anatómica del miembro.
▪ Provocación del síndrome compartimental por un excesivo inflado de la férula.
▪ Posibles pinchazos al trabajar en un lugar sucio (hierros, cristales, etcétera).
▪ Tener en cuenta, en los traslados aéreos, mantener siempre una misma presión debido a la altura.

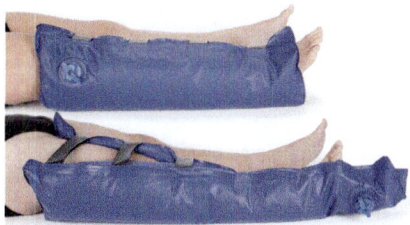

Férula neumática hinchable

Férula de tracción

Se utiliza para realizar tracciones mecánicas lineales, evitando el uso de pesos de tracción.

Indicada para:

- Fracturas diafisarias de fémur.
- Prevención de daños vasculares y nerviosos.
- Fracturas femorales con espasmos musculares.
- Fracturas de fémur en pacientes pediátricos.

No se debe utilizar en:

- Fracturas de pelvis, rodilla o tobillo.
- Fracturas abiertas del fémur.
- Lesiones múltiples en la extremidad.

Técnica de colocación

Es un cojinete que ayuda a apoyar la ingle y además trae una correa que fija al tobillo. Al paciente se le colocará una tracción mediante una polea hasta que el miembro quede totalmente alineado y estabilizado.

 Consejo

Se deberá tener especial cuidado en pelvis e ingle, evitando una posible presión excesiva en los genitales.

Por último, se observarán continuamente los pulsos periféricos y la sensibilidad.

Férula de tracción

6. Transferencia de un paciente de una camilla a otra

Los profesionales de trasporte sanitario deben tener en cuenta que muchas veces se encontrarán en situaciones difíciles, como es salvar una vida, pero, para poder cumplir con este objetivo, se deben aplicar las técnicas propuestas para el manejo de transferencia de un paciente de una camilla a otra, lo cual necesitará de un buen equipo de trabajo que esté totalmente capacitado y orientado.

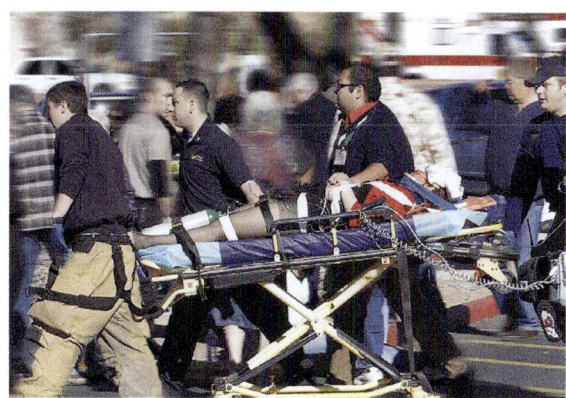

Traslado sanitario

Material necesario

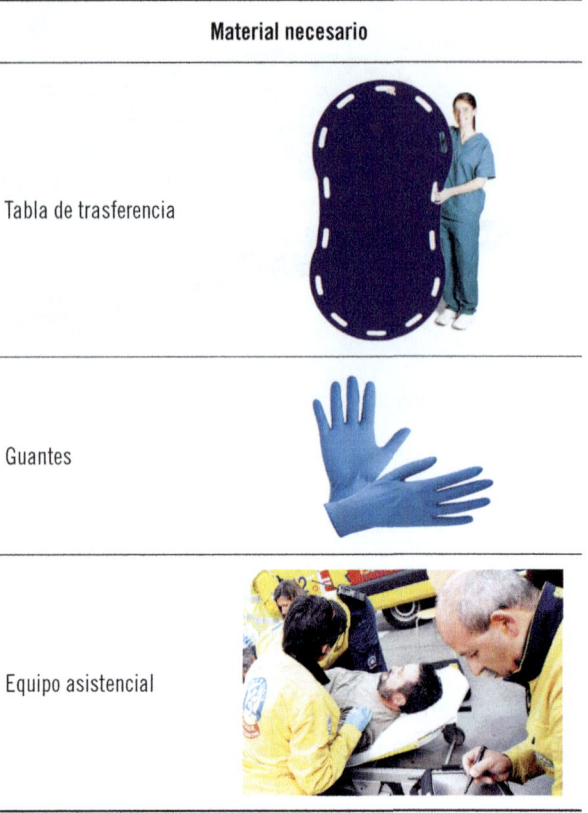

Tabla de trasferencia	
Guantes	
Equipo asistencial	

A la hora de preparar al paciente, hay que tener en cuenta lo siguiente:

- Verificar que la situación es segura para el profesional sanitario. A continuación, se comprueba si el paciente está consciente, si es así, se le explica lo que se le va a hacer para tranquilizarlo.
- Comprobar la identificación del paciente.
- Explicar al paciente el procedimiento.
- Enseñarle cómo puede colaborar, según estado de salud del paciente.
- En el caso de que el paciente tenga catéteres venosos (drenajes, sondas), se deben tener en cuenta las precauciones necesarias.

Pasos a seguir para el traslado de un paciente de una camilla a otra

El paciente debe estar tumbado boca abajo, en la camilla que se remplazará por otra. Los técnicos de trasporte sanitario deben hacerse a un lado del otro de cara al paciente: de la cabeza, pelvis, piernas, etc.	
Dar la orden para realizar un traslado pasivo, para luego optar por la posición de cric, y, en consolas de camilla, estas se deben pegar lo máximo posible a la cara anterior del cuerpo del paciente hacia el técnico.	
Utilizar la posición de rapel, con el fin de equilibrarse, para levantar al paciente en bloque.	
Los celadores transportistas deberán desplazarse y, a la vez, coordinar el sitio o trayecto establecido para poder llegar a la otra camilla y situar al paciente. - Pegar los muslos al borde de la camilla. - Bajar flexionando las rodillas. - Llegar en posición de cric. - Tumbar al paciente desplegando los codos y sacar sucesivamente las pesas.	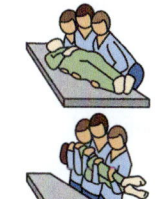
Cuando los celadores hayan puesto al paciente en la camilla, cada uno de ellos debe inmovilizarlo (cincha) simétricamente con una doble bandolera desde: a. Una barra lumbar. b. Una barra bajo nalga. c. Se debe tener en cuenta que la cincha se debe coger en pronación cerca de su centro, con el fin de: d. Pasarla por un hueco de la axila alejado del paciente y, después de haber hecho lo anterior, se debe recoger, realizada la técnica de barra o de omoplatos. e. Deslizar la barra de pantorrillas y recoger la cincha.	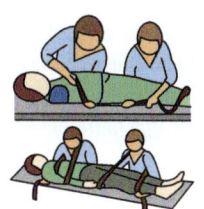

Aplicación práctica

En la autovía circulaba un vehículo cuyo conductor presentaba alto grado de alcoho-lemia. En una curva, pierde el control del vehículo y viene a chocar con el quitamiedos del arcén, provocando que el vehículo dé tres vueltas de campana. El único pasajero y conductor no perdió la consciencia y presentó lesiones cervicales, laceraciones por todo el tronco y fractura de cadera.

Explique cuáles son los pasos necesarios para trasladar el paciente de una camilla a la otra.

SOLUCIÓN

1. Explicarle al paciente el procedimiento que se va a realizar.
2. Se necesitan tres técnicos sanitarios para manipular al paciente por un solo lateral de la camilla.
3. A la altura cervical, se le coloca un collarín; se inmoviliza con la tabla espinal Kendrick. Antes de realizar la tracción sobre el accidentado hay que verificar que no esté atrapado.
4. El primer técnico sanitario da la orden a los demás para la movilización del paciente, utilizando la posición de rapel para equilibrarse.
5. Coordinar el sitio de trayecto de una camilla a otra:

   ı Pegar los muslos al borde de la camilla.
   ı Bajar flexionando las rodillas.
   ı Llegar en posición de cric.
   ı Tumbar al paciente desplegando los codos y sacar sucesivamente las presas.

6. Cuando los técnicos sanitarios hayan puesto al paciente en la camilla, cada uno de ellos debe inmovilizarlo (cincha) simétricamente con una doble bandolera desde:

   ı Una barra lumbar.
   ı Una barra bajo nalga.

Se debe tener en cuenta que la cincha se debe coger en pronación cerca de su centro, con el fin de:

1. Pasarla por un hueco de la axila alejado del paciente y, después de haber hecho lo anterior, se debe recoger, realizada la técnica de barra de omoplatos.
2. Deslizar la barra de pantorrillas y recoger la cincha.

7. Resumen

El material de movilización se empleará en los siguientes casos: riesgo de fuego o fuego, riesgo de violencia o violencia, riesgo de explosión o explosión, derrumbes, accidentes de tráfico, eléctricos y productos químicos, inundaciones, objetos en movimiento o condiciones climáticas extremas.

Existen dos tipos importantes de sillas de movilización: las sillas de evacuación o patín y las sillas de ruedas. Es importante que el paciente que vaya a ser trasladado en estas sillas no presente lesiones graves.

Las camillas son de vital importancia a la hora de transportar a cualquier tipo de heridos. Existen tres tipos: la camilla de lona o plegable, la camilla rígida y la camilla de vacío o colchón de vacío. Esta última es la que mejor se adapta al cuerpo del paciente y, por tanto, inmoviliza de manera más eficaz.

Es fundamental tener en cuenta las técnicas de movilización y, sobre todo, aplicarlas con mucho detenimiento, ya que muchas veces se evitan caídas u otros daños graves. Para ello, es de suma importancia seguir las indicaciones sobre cómo se deben realizar las intervenciones o técnicas de movilización, con los diferentes materiales, dependiendo el riesgo.

- Técnica de arrastre.
- Extracción de la víctima del interior de un vehículo.
- Transporte rápido para distancias cortas.
- Método del bombero.
- Asiento sobre manos.

En la movilización de los pacientes, los principales dispositivos son la camilla cuchara, tablero o espinal. Estos materiales tienen como propósito el traslado desde el lugar del accidente hasta el vehículo.

La transferencia a un paciente de una camilla a otra se debe aplicar en casos de pacientes que presentan graves lesiones.

Ejercicios de repaso y autoevaluación

1. **Las indicaciones para movilizar a un paciente son:**

   a. Accidente de tráfico, fuego, violencia y explosiones.
   b. Fuego y caídas.
   c. Mordedura de perro o gato.
   d. Accidente de tráfico.

2. **De las siguientes afirmaciones, indique cuál es verdadera o falsa.**

   a. Las sillas de evacuación se deben utilizar exclusivamente para pacientes con politraumatismo.

    ☐ Verdadero
    ☐ Falso

   b. Las dos clases de sillas que pertenecen al material de movilización son las sillas evacuación o patín y las de ruedas.

    ☐ Verdadero
    ☐ Falso

   c. Las sillas de ruedas se pueden utilizar para pacientes con problemas respiratorios.

    ☐ Verdadero
    ☐ Falso

   d. Las sillas de ruedas sirven para bajar y subir escaleras y no necesitan ayuda de otro sanitario.

    ☐ Verdadero
    ☐ Falso

3. Señale la respuesta incorrecta. Las camillas que se pueden utilizar a la hora de movilizar a una víctima son:

    a. Camilla de lona o rescate.
    b. Camilla de vacío o colchón de vacío.
    c. Camilla de riesgo.
    d. Camilla de lona, rígida y vacío.

4. Las desventajas que tiene la camilla o colchón de vacío son:

    a. Es muy fácil de usar por su tamaño pequeño.
    b. Se puede colocar en superficies dañadas.
    c. Se adapta fácilmente al cuerpo del paciente.
    d. Se deben colocar únicamente en superficies lisas no dañadas, su tamaño duplica el de una camilla normal y no se pueden utilizar en el interior de vehículos.

5. La silla de patín está indicada para...

    a. ... subir escaleras con el paciente y que este no se canse.
    b. ... bajar a los pacientes por las escaleras, teniendo en cuenta el ajuste del cinturón de seguridad.
    c. ... servir de camilla al paciente.
    d. Todas las opciones son incorrectas.

6. Al realizar el traslado de un paciente en camilla, el profesional se situará...

    a. ... detrás de la cabeza del paciente, con los pies por delante.
    b. ... delante de la camilla, siendo indiferente la posición del paciente.
    c. ... de cualquier forma. Es indiferente la posición del profesional o paciente.
    d. ... detrás de los pies del paciente, con la cabeza por delante.

7. ¿Cómo no se debe hacer una movilización del paciente?

    a. Arrastrándolo por encima de la camilla.
    b. Ayudándose con la entremetida.

c. Elevándole sobre la cama.
d. Todas las opciones son correctas.

8. A los pacientes graves y conscientes, es conveniente trasladarlos en...

a. ... decúbito lateral con piernas extendidas.
b. ... decúbito lateral con piernas flexionadas.
c. ... decúbito supino con piernas extendidas.
d. ... decúbito supino con piernas flexionadas.

9. La camilla de palas dispone de...

a. ... 2 cinturones de seguridad.
b. ... 3 cinturones de seguridad.
c. ... 4 cinturones de seguridad.
d. ... 0 No lleva cinturones de seguridad.

10. ¿Qué pasos debe dar el celador al trasladar un paciente de una camilla a otra?

a. Tirar al paciente por los tobillos.
b. Poner al paciente boca arriba.
c. No pegar los muslos al borde de la camilla.
d. Los celadores transportistas deberán desplazarse y, a la vez, coordinar el sitio o trayecto establecido para poder llegar a la otra camilla y situar al paciente.

Capítulo 2

Inmovilización de pacientes

Contenido

1. Introducción

El equipo sanitario es uno de los principales profesionales que suelen estar siempre en los momentos de emergencia. En este capítulo, se reconocerá la importancia del trabajo en equipo, la disciplina y los conocimientos que permitirán a todo el grupo contribuir por medio de las diversas técnicas o maniobras a la inmovilización de las víctimas. Para llegar a ello, se debe prestar una buena atención de urgencia que mantenga en lo posible el estado de salud del paciente.

Se hará énfasis en el saber hacer, antes, durante y después del momento del accidente y en cómo realizar las diversas técnicas de inmovilización en general.

La inmovilización tiene un objetivo primordial: disminuir los efectos de la lesión primaria y evitar las lesiones secundarias que se puedan producir durante la extracción, inmovilización y movilización de la víctima en el lugar del accidente. Los materiales de inmovilización más utilizados en el ambiente sanitario son: collarín lateral, inmovilizador lateral de la cabeza, inmovilizadores pediátricos y la tabla espinal. Su importancia radica en conocer los materiales y la técnica de colocación de cada uno de ellos a la víctima.

Las técnicas comunes de inmovilización, con o sin medios de fortuna, son otro de los mecanismos utilizados. Entre los más comunes están: la tabla espinal, los collarines laterales, el colchón de vacío, las férulas de MEI, etcétera, que se irán estudiando a lo largo de la unidad didáctica.

2. Fundamentos de actuación ante las fracturas

Las lesiones son producidas por golpes, fuerzas de origen mecánico (aplastamientos, tracciones, caídas al vacío, empujes, deceleraciones, etcétera).

Existen varios tipos de lesiones, entre otras:

- Fracturas
- Esguinces

- Heridas
- Aplastamientos

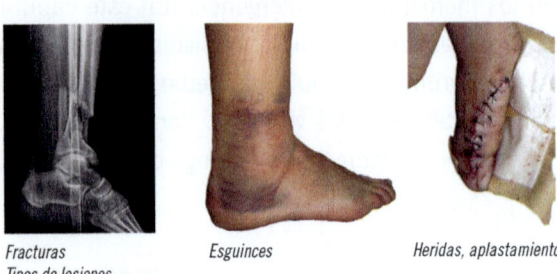

Fracturas
Tipos de lesiones

Esguinces

Heridas, aplastamientos

A continuación, se explicarán con detenimiento las lesiones más importantes, que son: las fracturas, las lesiones por politraumatismo, los traumatismos craneoencefálicos y el traumatismo de columna vertebral.

2.1. Fracturas

Una fractura es la pérdida de la continuidad en el tejido óseo. Puede presentarse desde una pequeña fisura (fractura incompleta), hasta la rotura total del hueso, con desplazamiento de los extremos de la fractura. Aunque se producen por la aplicación de una fuerza externa o de origen violento, muchas veces se pueden presentar por otras enfermedades.

 Ejemplo

La osteoporosis es el principal factor para que se lleguen a presentar fracturas de distinta índole.

Se clasifican en:

- **Incompletas:** cuando el trazo de la fractura no alcanza todo el espesor del hueso, como por ejemplo una fisura.
- **Completas:** en las que el hueso está afectado en la totalidad de la línea de fractura, pudiéndose encontrar dividido en varios fragmentos. Según el trazo de la fractura, se pueden clasificar en:

  - **Transversales:** aquellas producidas por contusión directa y cuya línea es transversal.
  - **Oblicuas:** producidas también por contusión directa y cuya línea es oblicua.
  - **Espiroideas:** la fractura gira alrededor del hueso y termina en punta.
  - **Conminuta:** aquella en la que el hueso termina astillado en pequeños fragmentos.

- **Cerradas:** en este tipo de fractura, la integridad de la piel queda intacta a pesar de que el hueso se rompa.
- **Abiertas:** al contrario de las cerradas, el hueso atraviesa la piel, quedando completamente al aire y exponiendo el hueso a riesgos como infecciones en las puntas y lesiones en los tejidos, hemorragias y lesiones de las demás estructuras vecinas.

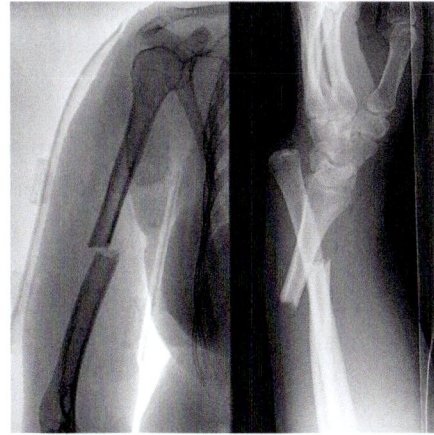

Fractura cerrada y abierta

Para diagnosticar una fractura, se deben observar los diferentes signos y síntomas que aparecen en la siguiente imagen.

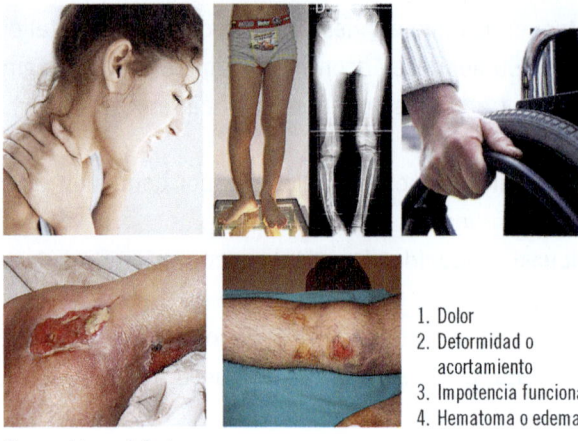

1. Dolor
2. Deformidad o acortamiento
3. Impotencia funcional
4. Hematoma o edema

Signos y síntomas de fractura

La principal complicación que puede aparecer en el diagnóstico y tratamiento de una fractura es el compromiso vascular, que se representa por medio de:

- Edemas
- Desviación de fragmentos de la fractura.
- Falta de circulación o sensibilidad, lo que puede comprometer la funcionalidad del miembro afectado.

Para comprobar si una fractura presenta compromiso vascular, hay que buscar signos o síntomas que evidencien la coloración, pulso periférico y temperatura de la extremidad afectada. Una coloración blanquecina (pálida) o azulada indica compromiso vascular, que puede estar provocado por las férulas y vendajes si comprimen en exceso la extremidad. En este caso, habrá que aflojarlos e incluso llegar a retirarlos.

¿Cómo se localizan los pulsos periféricos? En la parte más alejada de la extremidad y se comprueba si están presentes.

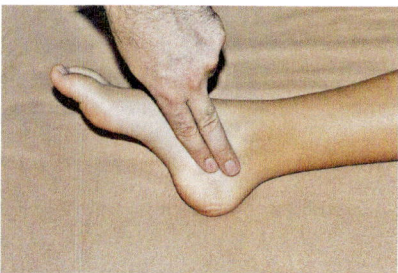

Palpación de pulso periférico

Para verificar si el paciente tiene buen llenado capilar, se debe apretar el lecho de la uña de cualquiera de los dedos de la extremidad y esta debe recuperar su color rosado en menos de dos segundos.

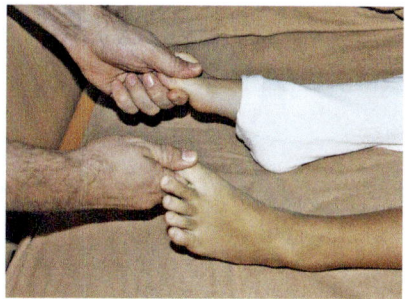

Prueba de llenado capilar

 **Nota**

La aparición de un retardo en este tiempo significa que existe un déficit vascular en la zona.

Ante la sospecha o existencia de una fractura, hay que realizar una evaluación primaria del paciente, teniendo muy en cuenta las lesiones que pueden comprometer su estado de salud. Se debe explorar:

- Estado de conciencia.
- Permeabilidad de la vía aérea.
- Tomar signos vitales (frecuencia respiratoria, frecuencia cardiaca y presión arterial).
- Se intentará no movilizar al herido para no empeorar la fractura.

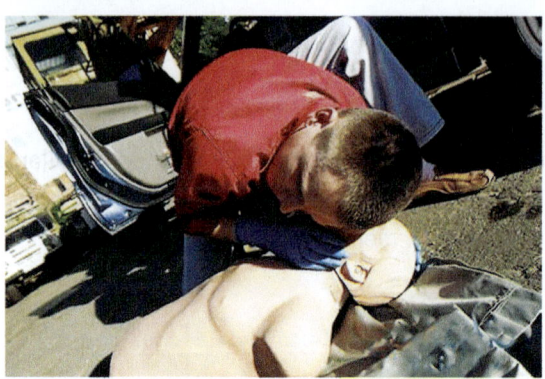

Comprobando permeabilidad aérea

Además, se le deben retirar al paciente todos aquellos objetos que dificulten la circulación sanguínea (anillos, pulseras, relojes, etcétera) y es de suma importancia la inmovilización de las articulaciones adyacentes. Hay que tener en cuenta lo siguiente:

- Las fracturas no se deben reducir, es decir, unir los dos extremos.
- Las inmovilizaciones se deben siempre realizar con el material adecuado, tratando de evitar al máximo movimientos bruscos en la zona afectada.
- Si se llegasen a presentar heridas, hay que intentar cubrirlas con apósitos estériles.
- Elevar siempre el miembro afectado para disminuir el grado de edema.

2.2. Politraumatismos

El paciente politraumatizado es aquel que sufre serias lesiones en varios órganos, aparatos o sistemas, las cuales son producidas por traumatismos severos. Por tanto, el politraumatizado no es aquel paciente que presenta solo traumatismos o fracturas, si no que hace que la respuesta del organismo ante esta agresión sea un peligro para la vida del paciente.

Ejemplo

Un paciente con fracturas de fémur y una hemorragia se considera un paciente politraumatizado, por lesiones que se producen sobre el sistema esquelético y el aparato vascular.

Por otro lado, un paciente con fracturas de muñeca, brazo y tobillos sin compromiso sobre el resto de sistemas, se considera paciente politraumatizado o polifracturado.

En todo caso, se deberá hacer una valoración cefalocaudal exhaustiva.

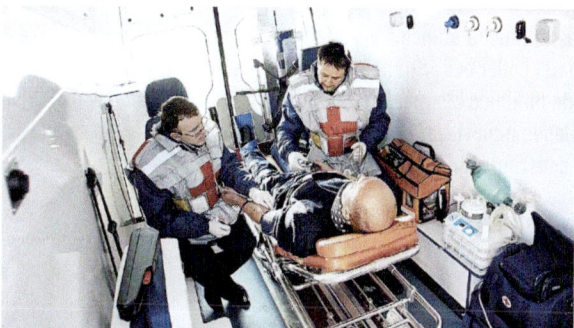

Valoración al paciente

Definición

Cefalocaudal
Examen realizado desde la cabeza hasta los pies.

A continuación, en la siguiente imagen, se exponen dos casos en que el accidentado recibe un impacto sobre un hueso y sobre un hueso y un órgano.

Diferentes politraumatismos

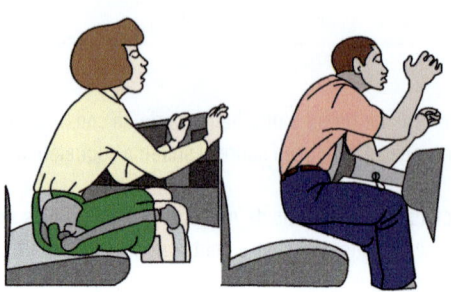

 Importante

Se deberá prestar mucha atención y cuidado al movilizar el eje de la cabeza, cuello, tronco y pelvis, para así poder evitar daños o lesiones medulares. Todo se debe manipular como si se tratara de un único bloque. Las zonas lesionadas o en las que se tenga sospecha de fracturas se deben inmovilizar de forma inmediata. Se prepara el traslado y se realiza una reevaluación constante del herido.

2.3. Traumatismos craneoencefálicos

El TCE (trauma craneoencefálico) es una de las mayores causas de mortalidad en accidentes de tráfico, ya que las lesiones que se presentan en esta región del cuerpo repercuten sobre el sistema nervioso central (SNC) y los órganos vitales.

Dichas lesiones se pueden determinar por la aparición de algunos de los siguientes signos y síntomas:

Alteración del nivel de conciencia

Determina si el nivel de conciencia está alterado, para el cual se aplicarán la escala de Glasgow o la regla AVDN.

Regla AVDN

- A → El paciente está Alerta.
- V → Obedece a estímulos Verbales.
- D → Si responde a estímulos Dolorosos.
- N → Si no hay respuesta de ningún tipo, lo que equivaldría a Nivel de inconsciencia.

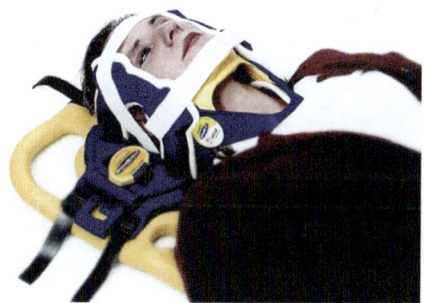

Trauma craneoencefálico

Escala de Glasgow

En la escala de Glasgow, si los resultados de la suma de las valoraciones de la respuesta ocular, verbal y motora son de 15 a 13, el estado del paciente es leve, de 12 a 9 es moderado y menor de 9 es severo.

Escala de Glasgow	
RESPUESTA OCULAR	**PUNTUACIÓN**
Espontánea	4
Orden verbal	3
Estímulo doloroso	2
Ninguna	1
RESPUESTA VERBAL	
Orientado	5
Confuso	4
Palabras inapropiadas	3
Palabras incomprensibles	2
Sin respuesta	1
RESPUESTA MOTORA	
Obedece órdenes	6
Localiza el dolor	5
Retira el dolor	4
Flexión del dolor	3
Extensión del dolor	2
Sin respuesta	1

Alteración del tamaño pupilar

Esta alteración se presenta debido a una lesión cerebral en la cual uno de los primeros signos es la alteración en el tamaño pupilar. Se distinguen las siguientes alteraciones:

- **Midriasis:** si las pupilas llegasen a tener un tamaño mayor de lo normal (dilatadas).
- **Miosis:** si aparecen muy contraídas (pequeños puntos).

■ **Anisocoria:** cuando haya alteración del tamaño al comparar ambas pupilas (una pequeña y otra grande).

Tamaños de las pupilas

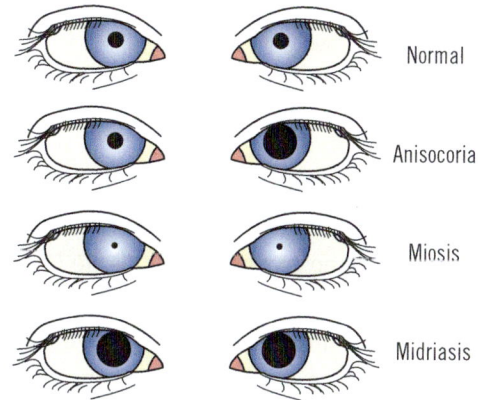

Normal

Anisocoria

Miosis

Midriasis

Reflejo fotomotor

Determina si el paciente ha presentado TCE o daño cerebral. Consiste en la contracción de la pupila en respuesta a un estímulo luminoso. La forma más fácil de comprobarlo es proyectando la luz de una linterna sobre un ojo y observando cómo la pupila del mismo disminuye de tamaño.

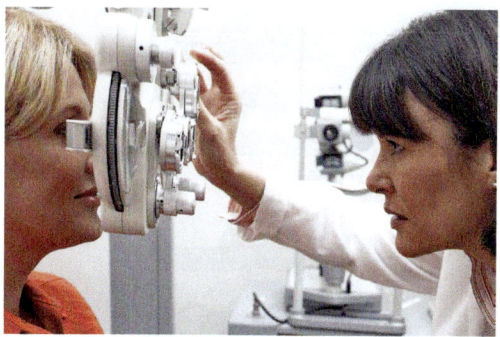

Valoración de las pupilas

 **Nota**

Si hay daño cerebral, este reflejo se ve alterado, de forma que las pupilas no reaccionan.

Pérdida de memoria

Esta pérdida puede ser referida a los hechos previos al accidente (amnesia retrógrada) o a los hechos posteriores al accidente (amnesia postraumática).

Los signos y síntomas que se presentan cuando la víctima, debido al accidente, presenta pérdida en la memoria, son: presencia de vómitos, convulsiones, somnolencia y tendencia al sueño o alteraciones del comportamiento.

Si el paciente llegase a presentar los síntomas anteriores, se le colocará en PLS (posición lateral de seguridad) y se le movilizará en bloque, controlando exhaustivamente el bloque de la cabeza, cuello y tronco. Al momento de trasladar al paciente en la camilla, se debe colocar la cabeza un poco elevada con respecto al tronco, sin mover el cuello (posición *antiTrendelenburg*). Seguidamente, se tendrán que estar valorando las constantes vitales de forma periódica.

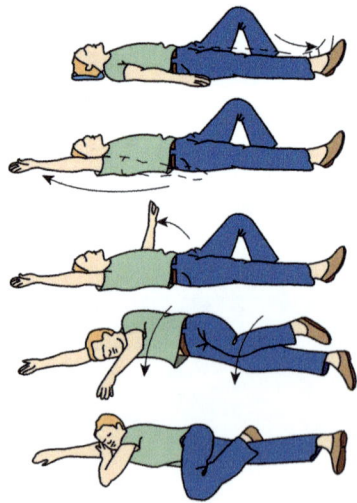

Posición lateral de seguridad

 **Nota**

Esta posición recibe su nombre del cirujano alemán Friedrich Trendelenburg (1884-1924). La posición antiTredelenburg consiste en colocar al paciente en tendido supino con la cabeza ligeramente elevada sobre los pies, en un plano inclinado de unos 45º.

2.4. Aplicación práctica

En la autovía iban en un autobús un grupo de chicos que estaban de excursión. El conductor se veía cansado, agotado, ya que llevaba varios días sin poder descansar. Debido a su estado general, el conductor se queda dormido y pierde el control totalmente. El autobús se fue a un abismo. Cuatro niños salieron del autobús, presentando traumas craneoencefálicos, fracturas de fémur, brazos y heridas por todo el cuerpo, los otros tres quedaron atrapados dentro de él y murieron en el momento. ¿Qué haría usted como sanitario para poder ayudar a las víctimas? ¿Qué técnicas e inmovilizadores utilizaría al respecto?

Solución

Como sanitario, realizaría las siguientes actuaciones:

1. Se realizaría una valoración exhaustiva: mirando el estado de conciencia, permeabilidad de la vía aérea y tomando los constantes vitales.
2. Se deberá prestar mucha atención y cuidado al movilizar el eje de la cabeza, cuello, tronco y pelvis, para así poder evitar daños o lesiones medulares; siempre que sea posible colocando un collarín y tabla espinal o similiar.
3. Retirar al paciente todos aquellos objetos que dificulten la circulación sanguínea, como anillos, pulseras, relojes, etcétera. Es de suma importancia la inmovilización de las articulaciones adyacentes antes de colocar la férula.
4. Antes y después de la colocación de la férula de inmovilización, se deberán valorar los pulsos (carotideo, axilar, braquial, radial, femoral, poplíteo, pedio, tibial posterior) y la sensibilidad distal al foco de fractura.

5. Se dispondrá luego a colocar la férula de tracción, debido a la lesión que presenta a nivel de fémur, de la siguiente forma:

    a. Un cojín se debe apoyar en la ingle y, con la correa, se fija el tobillo, en el cual se aplicará una tracción a través de una polea, consiguiendo la alineación y estabilización del miembro.

    b. Al colocar la férula, se debe tener precaución en pelvis e ingle, ya que se puede provocar una presión excesiva en los genitales.

    c. Valorar y observar los pulsos periféricos y sensibilidad.

6. El siguiente inmovilizador es la férula neumática hinchable, debido a que se presentó fractura del brazo:

    a. Siempre debe haber un mínimo de 2 sanitarios: el primero se encargará de la alineación anatómica del miembro, mientras el segundo introducirá la férula totalmente deshinchada.

    b. En el supuesto de que la férula fuese de cremallera, se pondrá totalmente abierta y se cerrará cuidadosamente para su posterior inflado. En el proceso del llenado de la férula, se controlarán los pulsos periféricos, sensibilidad y llenado capilar.

7. Debido al estado en que se encuentran las víctimas, se debe utilizar el colchón vacío para darles una mejor inmovilización a las lesiones (absorbe las vibraciones), realizando la técnica de esta manera:

    a. No es conveniente levantarlo del suelo sin utilizar un soporte (tablero espinal largo o rígido, camilla cuchara), ya que puede producir arqueamientos.

    b. Revisar el colchón, ya que puede estar rasgado y no poder realizar el vacío necesario.

    c. Cuando se pase al paciente en la camilla cuchara se deberá trasladar al colchón vacío.

    d. Abrir la válvula y extraer el aire del colchón mediante la bomba o el aspirador de secreciones e ir conformando el molde del paciente.

    e. Cerrar la válvula.

    f. Asegurar al paciente fijándolo con cinchas al colchón y a la camilla de transporte.

g. Revisar periódicamente que se mantiene el vacío comprobando su rigidez.

8. Por último, se realizará la limpieza y desinfección de las heridas.
9. Luego, terminadas todas las inmovilizaciones y curas de las víctimas, se trasladarán al sitio correspondiente.

3. Indicación de técnicas de inmovilización

Se entiende por inmovilización la técnica de preparación y recogida de un accidentado para su posterior manipulación y traslado, fijándose sobre todo en su estado y posibles lesiones para no incrementarlas ni causarle más daños de los que el accidente en sí le provocó.

3.1. Inmovilización de extremidades

Las inmovilizaciones se aplican con el objetivo de impedir movimientos de las zonas lesionadas, especialmente por las fracturas. Ante la sospecha de fracturas o lesiones traumáticas, ya sean por golpes de origen directo o violento, se tendrá que proceder a la inmovilización de cada una de las zonas afectadas, evitando así cierto grado lesiones graves que puedan llegar a afectar el estado de salud del paciente.

 **Importante**

La inmovilización está indicada en:

▌ Ausencia de circulación en alguna extremidad.
▌ Traumas cerrados o penetrantes en extremidades.
▌ Amputaciones, deformidad y/o dolor al movimiento o palpación en extremidades.
▌ Sospecha de lesiones en la columna vertebral.
▌ Traumatismo craneoencefálico (TCE).

Continúa en página siguiente >>

<< Viene de página anterior

I Fracturas o luxaciones.
I Lesiones medulares potenciales por mecanismo de accidente.
I Politraumatismos.
I Dolor severo y dificultad para moverse.
I Lesiones de pelvis.
I Lesiones de cuello o tórax.

Se realiza mediante férulas, que ayudan en la inmovilización de las fracturas de las extremidades, tratando de evitar lesiones secundarias tales como: daño de músculos, nervios, vasos sanguíneos y disminución del dolor.

En la siguiente imagen pueden verse los distintos tipos de férulas existentes.

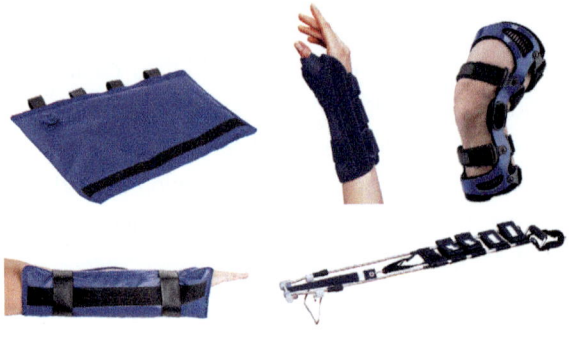

Tipos de férulas

Hay que tener en cuenta que, antes y después de la colocación de la férula de inmovilización, hay que valorar los pulsos (carotideo, axilar, braquial, radial, femoral, poplíteo, pedio, tibial posterior) y la sensibilidad distal al foco de fractura.

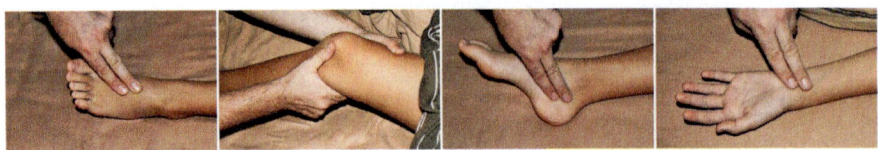

Toma de pulso poplíteo, pedio, tibial posterior

Además, se debe hacer lo siguiente:

- Se deben retirar anillos, relojes y todo lo que comprometa la circulación sanguínea antes de colocar una férula.
- Cuando se presenten heridas o fracturas abiertas, se deben cubrir con apósitos estériles antes de colocar la férula. En las inmovilizaciones, se deberán anexar las articulaciones tanto distales como proximales.
- La tracción simple ha de realizarse siempre en fracturas inestables o con gran deformidad.
- En las inmovilizaciones de los miembros superiores, es indispensable la utilización de cabestrillos con el fin de disminuir la inflamación.

 Nota

Los miembros inferiores se elevarán mediante sábanas o mantas.

Férulas neumáticas hinchables

Son materiales plásticos que presentan varias cámaras que comprimen los miembros, evitando la aparición de isquemia. Sus formas son diversas, dependiendo de las extremidades a inmovilizar. Se pueden encontrar con diversos cierres (cremalleras, calcetín) y todas ellas incorporan una válvula para su inflado.

 Recuerde

De entre todas, las más recomendables son las transparentes, porque ayudan en las valoraciones ante la aparición de hemorragias.

Están indicadas en la movilización de los MMSS y MMII: fracturas, esguinces, luxaciones.

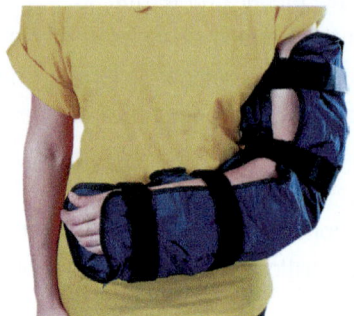

Férula neumática hinchable para el brazo

Técnica de colocación

En la inmovilización de uno de los miembros, se requieren ciertos pasos a seguir, primero para evitar daños mayores y, segundo, para no provocar futuras lesiones que puedan dejar secuelas al individuo.

La técnica consiste en lo siguiente:

■ Siempre debe haber un mínimo de 2 sanitarios: el primero se encargará de la alineación anatómica del miembro, mientras el segundo introducirá la férula totalmente deshinchada.
■ En el supuesto de que la férula fuese de cremallera, se pondrá totalmente abierta y se cerrará cuidadosamente para su posterior inflado. En el proceso del llenado de la férula, se controlarán los pulsos periféricos, sensibilidad y llenado capilar.

La colocación de estas férulas no está exenta de complicaciones tales como:

■ Error anatómico en la colocación.
■ Inflado excesivo de la férula, que puede provocar síndrome compartimental.

▌Se pincha con facilidad, provocando que el miembro lesionado pueda desplazarse.

▌Al desplazar al paciente por vía aérea, ha de tenerse en cuenta la presión de inflado, debido a la altura, liberando presión de aire para evitar sobrecompresiones en el miembro.

Férulas metálicas maleables

Son férulas adaptables a cualquier extremidad, ya sean en ángulo o longitudinalmente, destacando ante todas las de Kramer.

Definición

Férula de Kramer
Férula flexible formada por dos alambres paralelos entre los cuales se disponen otros más delgados a modo de escalera.

Se utilizan en lesiones osteoarticulares, tanto de miembros superiores como inferiores, en las cuales es necesario mantener el ángulo.

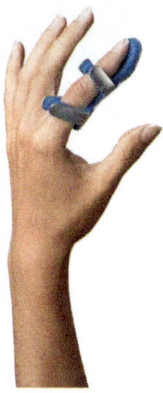

Férula metálica

Técnica de colocación

La técnica consiste en lo siguiente:

▌ Como esta clase de férulas son metálicas, para evitar laceraciones y compresiones innecesarias, habrá que poner una capa almohadilla (vendaje de algodón).

▌ Una vez comprobada la circulación y sensibilidad, se coloca la férula, según posición preferible o anatómica.

▌ Por último, se fija la férula con vendaje elástico, controlando los pulsos, la sensibilidad y la temperatura.

Férula de vacío

Es un saco neumático con doble cámara de material aislante que se moldea a la extremidad, dando soporte rígido tras realizar el vacío, el cual se consigue conectando una bomba de vacío o un aspirador de secreciones a la válvula que incorpora la férula.

Férula de vacío

Técnicas de colocación

La técnica consiste en lo siguiente:

- Son ajustadas mediante cinchas de velcro.
- Su elección y colocación es igual a la de la férula hinchable, incluso la característica de comprimir los puntos sangrantes. Una y otra difieren en que en este tipo se extrae el aire a la férula.
- En traslados aéreos, hay que revisar la pérdida de vacío debida a la altura (a más altura, la férula tiende a hincharse y perder consistencia).
- Hay que verificar la talla de la férula, ya que existen diversos tamaños, tanto para miembros inferiores como superiores.

Férulas rígidas

Son aquellas que no son moldeables, con lo cual, las extremidades deben ajustarse a su contorno y forma. Están compuestas de diversos materiales (cartón, PVC, poliuretano), pudiéndose fijar mediante cierres de velcro.

Férula rígida

 Nota

Las de PVC y poliuretano, al poderse lavar, son reutilizables.

Técnica de colocación

La técnica consiste en lo siguiente:

▮ Hay que tener en cuenta el tamaño y la forma, ya que tienen un tallaje igual que las anteriores.
▮ Controlar los pulsos, temperatura, sensibilidad y llenado capilar.
▮ Al tratarse de férulas rígidas, se debe proteger el miembro con vendaje de algodón.

Férula MEI

Es una base de inmovilizador pediátrico, teniendo como función la inmovilización torácico-lumbar, pudiéndose utilizar para lesiones provisionales osteoarticulares de los miembros inferiores (fracturas de fémur de pacientes atrapados en vehículos donde no se pueden utilizar otras férulas).

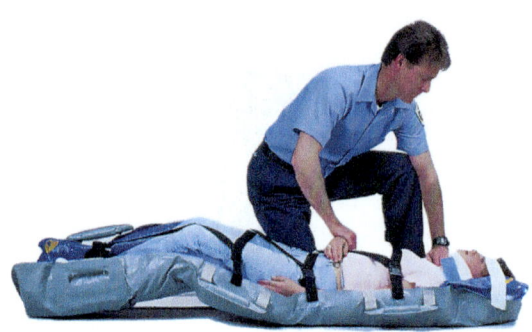

Inmovilizador MEI

Técnica de colocación

La técnica consiste en lo siguiente:

▮ Ha de ponerse con al menos dos sanitarios: uno separa las dos partes de la férula, mientras el otro inmoviliza la zona torácico-lumbar.

- Se debe aplicar una tracción sobre el fémur desde la rodilla, elevándolo levemente.
- El sanitario que abrió la férula se encargará de colocarla y desplegarla, rodeando el foco de la fractura. Al finalizar, se cerrarán las cinchas.

Férula de tracción

Se utiliza en fracturas mediante una tracción mecánica lineal, evitando el uso de pesos.

Está prescrita para fracturas de fémur y proximales de tibia. No se debe utilizar en caderas, rodilla, tobillo y pie.

Férula de tracción

Técnica de colocación

La técnica consiste en lo siguiente:

- Es un cojín que se debe apoyar en la ingle y con la correa se fija el tobillo, en el cual se aplicará una tracción a través de una polea, consiguiendo la alineación y estabilización del miembro.
- Al colocar la férula, se debe tener precaución en pelvis e ingle, ya que se puede provocar una presión excesiva en los genitales.
- Valorar y observar los pulsos periféricos y sensibilidad.

3.2. Inmovilización ante traumatismo de la columna vertebral

La columna vertebral es una de las partes más susceptibles de sufrir lesiones, sobre todo en las regiones cervicales (daños debidos al **síndrome del latigazo cervical**) y en la parte lumbar (por aplastamiento o traumatismo directo).

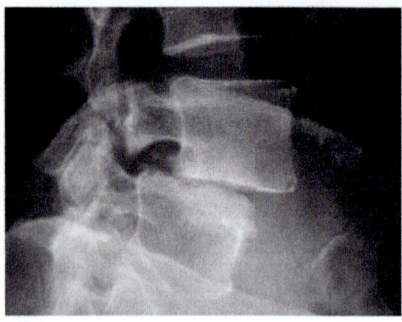

Daño de columna vertebral

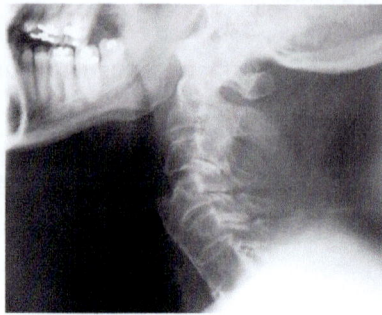

Trauma raquimedular

 **Definición**

Síndrome del latigazo cervical
Movimiento brusco de aceleración o parada del tronco, debido a una inclinación de la cabeza en sentido contrario, lesionándose los tejidos blandos del cuello.

Indicaciones de la inmovilización de la columna vertebral

La inmovilización de la columna vertebral se llevará a cabo en las siguientes situaciones:

- Accidente automovilístico.
- Caídas de altura (2 a 3 veces mayor a la talla del paciente).
- Traumas en cráneo, cuello, torso o pelvis.
- Trauma más alteración del estado de conciencia.

- Traumas cerrados o penetrantes en la columna vertebral.
- Presencia de déficit neurológico (paresías, plegias, parestesias, priapismo, *shock* neurológico, etcétera).
- Deformidad y/o dolor al movimiento o palpación en cráneo, cuello, torso o pelvis.

Manejo de la columna vertebral

En el manejo de la columna vertebral habrá que tomar las siguientes precauciones:

- La principal función es la inmovilización manual.
- Se usan collares cervicales.
- Se complementará con la inmovilización del resto de la columna con inmovilizadores cervicales laterales.

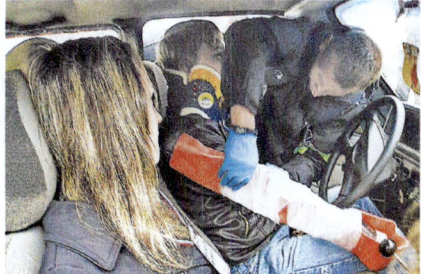

Inmovilización manual

Collarines cervicales

Son materiales que ayudan en la inmovilización primaria de la columna vertebral.

Tienen como principal función evitar el cizallamiento de la médula por las vértebras cervicales.

 **Nota**

Son muy frecuentes los traumas de esta índole y, muchas veces, conllevan lesiones muy graves.

Camilla tijera o camilla cuchara

Es utilizada para el traslado del paciente en decúbito supino con patologías previas de la columna vertebral, desde el sitio del accidente hasta el lugar donde le darán la atención sanitaria en el vehículo en que será trasladado.

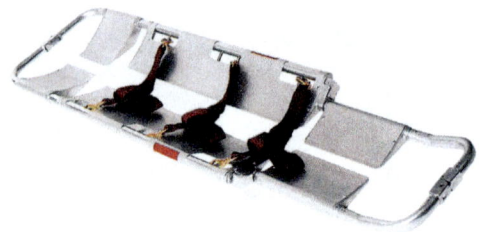

Camilla cuchara

Para su colocación, se deben seguir los siguientes pasos:

- Antes de empezar con la movilización con la camilla cuchara, se debe medir la longitud del paciente para que, a su vez, se pueda extender la camilla cuchara y colocarla en la misma longitud.
- Se alarga o se acorta colocándola en posición longitudinal del enfermo, ubicándolo a nivel de las extremidades inferiores y en la parte más ancha a nivel de la cabeza.
- Se abre por los lados y se van colocando las palas una a una, girándola sobre el paciente en bloque. Luego se proseguirá en el cerrado de los anclajes superior e inferior, en este orden.

- Se fija al paciente a la camilla, preferiblemente con tres correas (tórax, pelvis y piernas). Una vez en la camilla, se han de retirar, principalmente si el traslado va a ser largo (disconfort, úlceras, etcétera).

Cámara tetracameral

Se utiliza para inmovilizar la cabeza cuando el paciente está en una camilla cuchara o tablero espinal.

*Cámara
tetracameral*

Para inmovilizar el resto de la columna, se debe considerar la posición del accidentado de la siguiente manera:

- Si el individuo se encuentra sentado, se deberá inmovilizar con la tabla corta o chaleco de extricación.

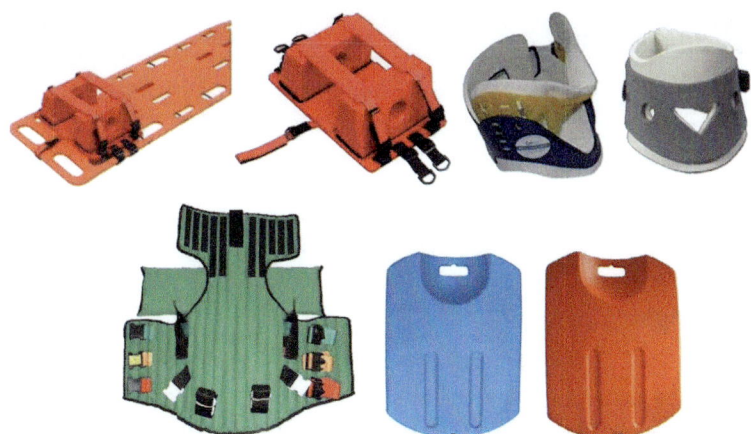

Tabla corta-chaleco de extricación

Dos maneras de actuación

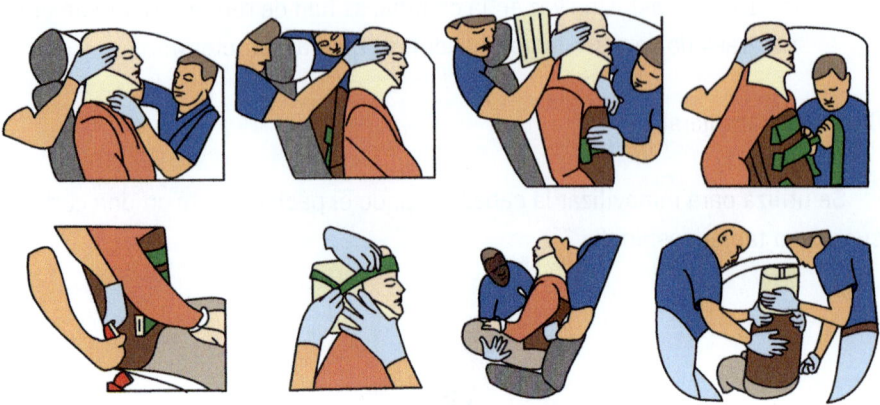

- En el caso de que el paciente estuviese en otra posición, se pasará inmediatamente a una tabla larga.
- En el momento en que se traslade al paciente, se utiliza en conjunto con el collarín cervical.

  En caso de no tener a la mano el collarín cervical, se puede utilizar un periódico, sábanas o una manta enrollada por ambos lados de la cabeza.
- Se deberá anclar en una parte rígida (tablero espinal), asegurando una correcta inmovilización y traslado.

 **Importante**

Todos los movimientos se deben hacer en bloque y siempre suave y lentamente.

Ferno-ked o férula de Kendrick

Se indica para la inmovilización de columna, tanto cervical como torácica e incluso lumbar, durante la extracción de víctimas del interior de vehículos e inmovilización de miembros inferiores.

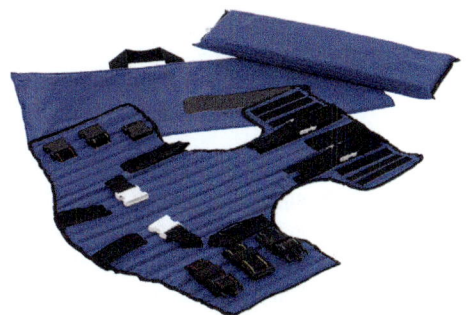

Inmovilizador de columna cervical ferno-ked o férula de Kendrick

Su técnica de colocación es la siguiente:

- Se necesitará la ayuda de 2 sanitarios.
- El primer sanitario se encargará de la colocación de un collar cervical, que debe quedar bien alineado en una posición neutra (eje cabeza-cuello-tronco). Se introducirá entre la espalda del paciente y respaldo del vehículo.
- Se colocarán los tres anclajes del tronco por colores diferentes e individualizados.
- Se fijarán los anclajes de las correas que envuelven la raíz de los muslos, que constituyen su "suelo".
- Hay que fijar y tensar los anclajes antes de evacuar o trasladar al paciente.
- Se colocará la almohadilla plana entre la cabeza y el dispositivo, en el caso de que se existiese la presencia de cifosis cérvico-dorsal.
- Colocar los barboquejos de la cabeza: uno a nivel frontal y el otro a nivel maxilar (optativo).
- Una vez finalizada la técnica, se procederá a la extracción del paciente del interior del vehículo, rotando hacia fuera.
- Terminada la extracción, se le pasará a una camilla cuchara o tabla rígida.
- Finalmente, se le llevará a la camilla de la ambulancia, donde se le retirará la camilla cuchara o la tabla.

Aplicación práctica

Usted está de guardia en el hospital y recibe un llamado del centro provincial de coordinación, quien le envía junto a su equipo profesional sanitario a prestar los servicios a la Avenida Reina Sofía, donde hubo una colisión entre un vehículo familiar y una motocicleta. Al llegar al lugar del siniestro y realizar la valoración de todas las personas implicadas en el accidente, el médico da de alta a todos los integrantes del vehículo familiar por no presentar ningún tipo de lesión. El conductor de la motocicleta es un hombre de 45 años y de aproximadamente 85 kg, que presenta lesión cervical en c5 y trauma de tórax cerrado. Según las lesiones que presenta el paciente y basándose en sus conocimientos, especifique cuál sería el material a utilizar y describa la técnica de inmovilización.

SOLUCIÓN

El material a utilizar es el ferno-ked o férula de Kendrick, debido a que el paciente presenta lesión cervical y trauma de tórax cerrado.

La técnica sería:

a. Se necesitará la ayuda de 2 sanitarios.
b. El primer sanitario se encargará de la colocación de un collar cervical, que debe quedar bien alineado en una posición neutra (eje de la cabeza-cuello-tronco). Se introducirá entre la espalda del paciente y respaldo del vehículo.
c. Se colocarán los tres anclajes del tronco por colores diferentes e individualizados.
d. Se fijarán los anclajes de las correas que envuelven la raíz de los muslos, que constituyen su "suelo".
e. Hay que fijar y tensar los anclajes antes de evacuar o trasladar al paciente.
f. Se colocará la almohadilla plana entre la cabeza y el dispositivo, en el caso de que se existiese la presencia de cifosis cérvico-dorsal.
g. Colocar los barboquejos de la cabeza: uno a nivel frontal y el otro a nivel maxilar (optativo).
h. Una vez finalizada la técnica, se procederá a la extracción del paciente del interior del vehículo, rotando hacia fuera.
i. Terminada la extracción, se le pasará a una camilla cuchara o tabla rígida.
j. Finalmente, se le llevará a la camilla de la ambulancia, donde se le retirará la camilla cuchara o la tabla.

Tabla espinal

Se utiliza para el retiro y transporte de los accidentados de los que se sospechen lesiones de la columna vertebral.

Está conformada de madera (ya sea plana o rígida) o de plástico y puede ser:

- **Corta-inmovilizando:** cabeza, cuello, tronco.
- **Larga-inmovilizando:** cabeza, cuello, tronco y miembros inferiores.

Tabla espinal

Tabla espinal para la embarazada

Cuando la paciente se encuentre inmovilizada en el tablero espinal, con contenciones cefálicas y almohadillado pericorporal, se procederá a la colocación de cuñas en el lado derecho del mismo, proporcionando una posición en decúbito lateral izquierdo de entre 15 y 30°.

Inmovilización a la embarazada con tablero espinal

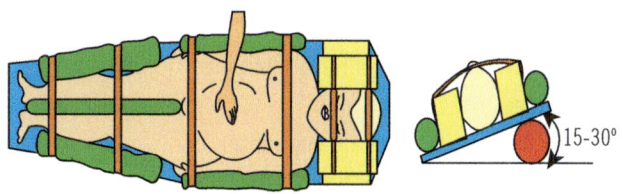

 **Definición**

Peri corporal
Alrededor del cuerpo.

Colchón de vacío

Sistema de inmovilización que absorbe las vibraciones, aísla al paciente e inmoviliza las lesiones en la posición en que se realice el vacío.

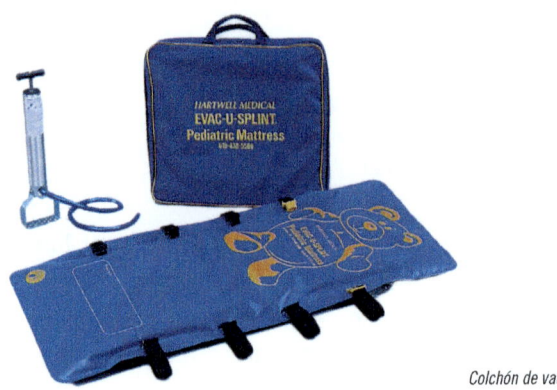

Colchón de vacío

Se indica en:

- Politraumatismos: en sospecha de lesiones de columna vertebral, pelvis y extremidades.
- Traslados interhospitalarios de pacientes con fijaciones externas.
- Traslados que se deben efectuar una sola posición determinada.

La técnica de colocación es la siguiente:

- No es conveniente levantarlo del suelo sin utilizar un soporte (tablero espinal largo o rígido, camilla cuchara), ya que puede producir arqueamientos.

- En traslados aéreos, se debe revisar la pérdida de vacío, debido a la altura (a más altura, la férula tiende a hincharse y perder consistencia).
- Revisar el colchón, ya que puede estar rasgado y no realizar el vacío necesario.
- Cuando se pase al paciente de la camilla cuchara, se deberá trasladar al colchón vacío.
- Abrir la válvula y extraer el aire del colchón mediante la bomba o el aspirador de secreciones e ir conformando el molde del paciente.
- Cerrar la válvula.
- Asegurar al paciente fijándolo con cinchas al colchón y a la camilla de transporte.
- Revisar periódicamente que se mantiene el vacío, comprobando su rigidez.

4. Material de inmovilización

Cuando se presenta cualquier tipo de accidente, por leve que se vea, siempre se debe considerar que el paciente tiene la posibilidad de tener una lesión de columna, ya sea cervical o vertebral. Por ello, se hace necesario tener en cuenta la siguiente secuencia:

- Se debe colocar un collarín cervical rígido.
- Al movilizar el eje cabeza-cuello-raquis, siempre debe ser alineado. Se deben evitar los movimientos de flexión, extensión o rotación
- Se debe inmovilizar a la víctima sobre una superficie plana y rígida, en posición decúbito supino.

 Importante

Sin excepción, el cuidado de la columna cervical debe ser minucioso en los siguientes casos:

▌ Al realizar el rescate.
▌ Al realizar la valoración del estado de conciencia.
▌ Al ubicar al paciente en la posición decúbito supino (para realizar procedimientos como la reanimación cardiopulmonar).

El material de inmovilización es de vital importancia para la víctima, ya que disminuye el riesgo de aumentar las lesiones, la aparición de lesiones secundarias y agiliza la extracción de la víctima del lugar del accidente.

4.1. Collarines laterales

Los collarines laterales son todos aquellos inmovilizadores cuya función es detener cualquier tipo de movimiento a nivel cervical, es decir, cabeza y cuello.

A continuación, se enunciarán y explicarán los que mayor relevancia tienen a nivel sanitario.

Collarín cervical

Al hablar sobre la inmovilización espinal, el collarín cervical es el elemento de mayor importancia. Se coloca primero y, de manera simultánea, ayuda al manejo de la vía aérea.

 Nota

El collarín cervical inmoviliza la columna cervical y evita o minimiza las lesiones a nivel de la médula espinal, no solo en el momento de trasladar y transportar al paciente, también al realizar los diferentes estudios de imagen que el mismo pueda necesitar.

El collarín cervical idóneo debe cumplir los siguientes requisitos:

- Ser rígido.
- Tener cuatro apoyos (mentón, esternal, occipital y cérvico-dorsal).

Los modelos que más se encuentran en el mercado y los más utilizados por el equipo sanitario son los que se describen a continuación.

Collarines blandos

Su material es la goma espuma y están forrados de tela o plástico. Tienen forma rectangular con aberturas, pero no disponen de un tallaje suficiente.

Este tipo de collarines solo se recomienda para el tratamiento rehabilitador.

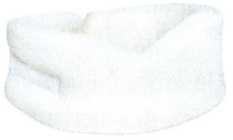

Collarín blando

 Importante

No se debe retirar el collarín hasta que se pueda descartar lesión con una radiografía lateral de columna cervical y la exploración neurológica no muestre alteraciones.

Collarines semirrígidos

Dentro de este tipo de collarín, el más conocido es el de Thomas, compuesto de material plástico y que consta de partes anterior y posterior, fáciles de maniobrar. Se puede modificar su altura.

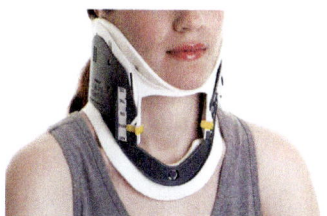

Collarín de Thomas

 **Nota**

Cuenta con cinco tallas, que van desde el número 1 hasta el 5, teniendo en cuenta que las número 1 y 2 son exclusivamente pediátricas.

Collarines rígidos (Philadelphia y Stifneck)

Estos collarines mantienen la posición anatómica del cuello. Cuentan con dos piezas, anterior y posterior, que tienen cuatro puntos de apoyo:

▌ Anterior: mentonianos y clavículo-esternal.
▌ Posterior: mastoideos y espalda.

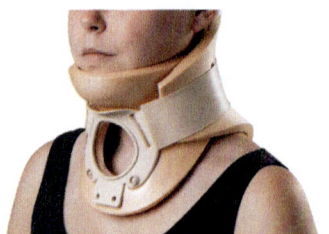

Collar de Philadelphia

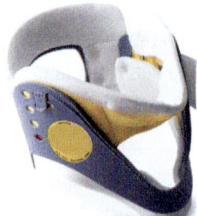

Collar de Stifneck

Estos dos tipos de collarines tienen como característica principal un hueco en la pieza anterior, que facilita acceder al cuello y valorar el pulso carotideo, realizar traqueotomías de urgencia, intubación retrógrada con fiador, etcétera. Otros presentan un orificio en la parte trasera que permite palpar y valorar la zona cervical y determinar si hay sangrado.

Las tallas son 4 de adultos y 2 pediátricas.

El collar o collarín de Philadelphia se considera el mejor inmovilizador de la columna cervical, ya que es el que más limita el movimiento de flexo-extensión, pero aun así no cuenta con el cien por cien de la restricción de movimiento.

 **Importante**

Es desaconsejable utilizar cualquier tipo de collarín blando, debido a que no inmovilizan lo suficiente y no se puede medir la fuerza de compresión del mismo, por lo que se pueden ajustar de una manera excesiva, lo que contribuye a disminuir el retorno venoso y al aumento de la PIC (presión intracraneal) en los traumatismos craneoencefálicos severos. Se debe vigilar que en el maxilar inferior tampoco la presión sea demasiada, porque la boca sería difícil de abrir y si hay un caso de vómito el paciente podría bronco aspirarse.

Una ventaja que tiene el collarín tipo Philadelphia es su facilidad al guardarlo, ya que se puede aplanar para facilitar su almacenaje en cualquier lugar de la ambulancia, se consigue en diferentes tallas y es más manejable, lo que hace más fácil su colocación.

Los modelos de collarines Philadelphia o Stifneck son los recomendados, porque consiguen una mayor inmovilización de la columna cervical. No obstante, los collarines no son efectivos en limitar el movimiento del resto del cuerpo, por lo que se hace necesario complementarlos con los diferentes inmovilizadores de la columna vertebral (tabla espinal, colchón de vacío, férula de Kendrick, etcétera).

Indicaciones del collarín cervical:

- Trauma significativo en el cuello o la cabeza.
- Dolor o sensibilidad cervical tras un accidente.
- Signos neurológicos asociados.
- Paciente inconsciente o con alteración del estado mental.
- Accidentes de alto impacto.
- Deformidad visible del cuello.
- Traumatismo craneoencefálico (TCE).

■ Lesión penetrante de la columna cervical.

■ Politraumatismos.

■ Accidentes deportivos o laborales.

Recuerde

Los collarines blandos no se deben utilizar en pacientes traumatizados, estos solo están indicados en el tratamiento rehabilitador de las lesiones cervicales.

4.2. Inmovilizadores laterales de cabeza

Como anteriormente se explicaba, el collarín cervical limita los movimientos de flexión y extensión, pero no los movimientos de lateralización de la columna cervical, por lo que se hace necesario utilizar el inmovilizador lateral de cabeza, también llamado inmovilizador tetracameral.

Su estructura está formada por tres piezas: una es de base rectangular con velcro en los tercios externos y varias cintas incorporadas para poder fijar el inmovilizador lateral al tablero espinal o a la camilla de cuchara.

Las otras dos piezas son de forma trapecial con velcro, que tiene una cara para poder fijarse a la base. Cuentan con una abertura a la altura de las orejas del paciente, que permite observar si hay presencia de otorragia (sangrado por los oídos) y permite a la víctima escuchar al equipo sanitario en todo momento.

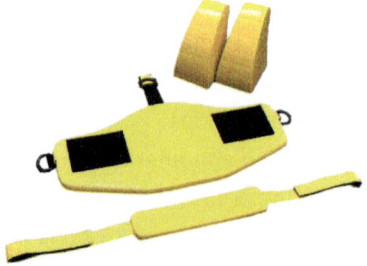

Inmovilizador lateral de cabeza

 **Nota**

Los inmovilizadores también están indicados para la movilización, el traslado y el transporte de todo paciente traumatizado que tenga collarín cervical, excepto aquellos que estén inmovilizados por el colchón de vacío, ya que este tiene la misma función.

4.3. Inmovilizadores pediátricos

Siempre para los pacientes pediátricos se deben utilizar materiales de inmovilización específicos.

 Importante

Si no hay materiales específicos, habrá que intentar realizar materiales con medios de fortuna, pues algunos materiales de inmovilización para adultos podrían aumentar las lesiones o, en su defecto, causar lesiones nuevas.

Dentro de los inmovilizadores pediátricos más importantes, se encuentran los que se describen a continuación.

Inmovilizador de columna pediátrico tipo MEI

Este inmovilizador se usa para realizar la extricación de un niño atrapado; su función es inmovilizar toda la columna vertebral. Siempre que se va a utilizar, va acompañado por un collarín cervical y su técnica de colocación es igual que la de la férula de Kendrick.

Definición

Extricación

Todas aquellas intervenciones que tienen como fin retirar a las personas de una zona o situación de peligro inmediato para sus vidas.

Una de las diferencias es que no tiene el arnés en los muslos.

Otra diferencia que existe con el corsé espinal del adulto radica en la distribución en dos partes: una parte torácico-lumbar y otra cervical, de tal manera que las láminas metálicas de esta se introducen dentro de la del tórax, adecuándose al tamaño del niño. La parte del tórax o base se utiliza como inmovilizador de fracturas de los miembros inferiores.

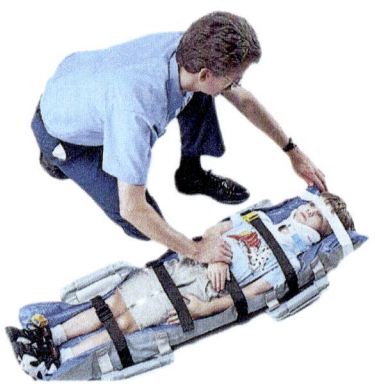

Inmovilizador pediátrico tipo MEI

Tabla espinal pediátrica

La tabla espinal que se puede encontrar en los servicios de emergencias sanitarias viene específicamente para adultos y niños. En caso de que el niño tenga un tamaño, peso y talla más grande, se podrá utilizar una tabla convencional, pero si el niño es pequeño nunca se debe utilizar la tabla para adultos, pues por la proporción céfalo-somática existente se provocaría una ligera flexión de la columna cervical, lo que obligaría al equipo sanitario a sobreelevar el tronco del niño con paños o sábanas colocados desde la región lumbar hasta los hombros, teniendo en cuenta que el riesgo de una lesión secundaria seguirá latente.

La tabla espinal pediátrica presenta una leve depresión a nivel occipital que tiene como fin proteger al niño de una hiperflexión del cuello, manteniendo su columna cervical en una posición neutral.

Los niños son propensos a generar zonas de presión en las prominencias óseas, sobre todo cuando existe lesión medular, que disminuye la sensibilidad, por lo que se considera muy importante trasladarlos lo más rápido a una superficie bien acolchada.

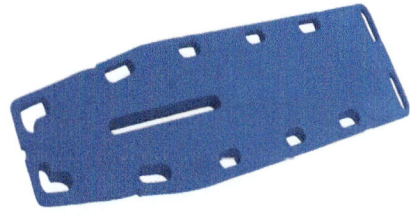

Tabla espinal pediátrica

 **Nota**

El tiempo máximo que puede estar el paciente sobre una tabla sin acolchar es de 2 horas.

Férula MEI

Es la base del inmovilizador pediátrico MEI, cuya función es inmovilizar la porción torácico-lumbar del niño. También se puede usar como inmovilizador provisional de lesiones osteoarticulares del miembro inferior.

 **Nota**

En las lesiones en que más se utiliza es en las fracturas de fémur en los pacientes que están atrapados dentro del vehículo accidentado, donde trabajar con las férulas convencionales se hace casi imposible.

Tablero de bebé para incubadora

Este tablero está específicamente elaborado para los recién nacidos y bebés con un peso aproximado de 1 a 7 kg, debido a que son pequeños para que el collarín cervical pueda ser utilizado en ellos. Es un dispositivo neumático autónomo que se insufla con aire y ayuda a la alineación cervical neutral del bebé.

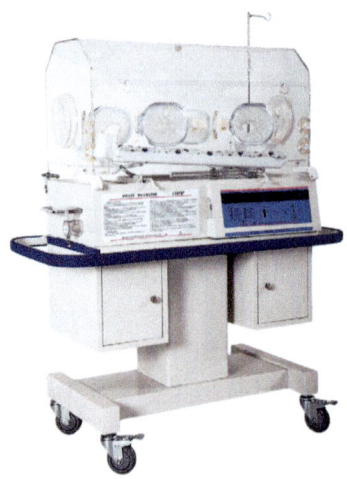

Tablero de bebé para incubadora

Colchón de vacío pediátrico

Este colchón de vacío es muy parecido al de adultos, moldea el cuerpo del niño. Sirve para niños hasta una edad de 10 años.

Es inmovilizador, térmico y compatible con rayos X y resonancias magnéticas.

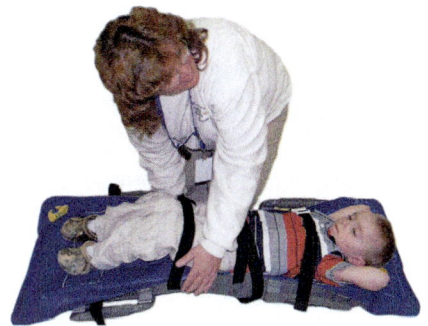

Colchón de vacío pediátrico

Otros inmovilizadores pediátricos

En el mercado existen marcas muy reconocidas con dispositivos diseñados para niños de hasta 7-8 años (peso aproximado de 34 kg).

El Pedi–Pac es una tabla espinal pediátrica que trae consigo una almohadillado bajo el tronco. Dispone de múltiples cintas que ayudan en la inmovilización individual de las muñecas y tobillos. Incluso trae el inmovilizador lateral de cabeza, lo que no exime de la colocación del collarín cervical.

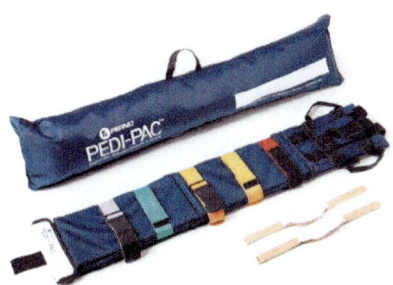

Pedi-Pac

Además, existen otros materiales o técnicas para la inmovilización pediátrica, como son los siguientes:

- **Collarines cervicales pediátricos:** se trata de un collarín similar al que se usa en adultos pero de menor tamaño. Su uso está indicado en traumatismos en la región cervical o, cuando se sospecha de lesión en la médula espinal. Está disponible en varios tamaños que se adaptan a edades desde neonatos hasta adolescentes. Posee la característica de que es ajustable para garantizar la inmovilización adecuada sin causar una presión excesiva.

- **Inmovilizadores tipo *spider strap:*** se trata de un sistema de correas diseñadas para asegurar al niño en una tabla espinal. Se usa para un transporte seguro de pacientes pediátricos traumatizados. Entre sus características destaca que son ajustables y adaptadas a diferentes tamaños corporales. Además, permiten mantener al niño estable durante el traslado.

- **Inmovilizadores pediátricos tipo "Papoose":** se trata de un sistema de restricción no rígida que envuelve al niño. Se usa en procedimientos médicos menores. Además, procura la estabilización para tratamientos de urgencia en niños agitados. Entre sus características cabe mencionar que se trata de un compuesto de correas acolchadas ajustables y que evita movimientos no deseados sin causar daño al niño.

- **Dispositivo tipo "KED" pediátrico *(KendrickExtricationDevice):*** se trata de un chaleco rígido que estabiliza la columna cervical, torácica y lumbar en situaciones de extracción. Se usa para el rescate de niños atrapados en vehículos o espacios reducidos. Entre sus características destaca la adaptabilidad al tamaño del niño y el soporte que proporciona completo a tronco y cuello.

- **Sillas de evacuación pediátricas:** son sillas diseñadas para trasladar niños en situaciones de emergencia, especialmente en edificios o terrenos difíciles. Entre sus características cabe destacar que el tamaño es ajustable y que proporciona sistemas de sujeción específicos para niños.

- **Arnés pediátrico:** se trata de un arnés diseñado para sujetar a niños pequeños en camillas estándar durante el transporte. Las características que lo definen son la compatibilidad con camillas para adultos y la sujeción firme y cómoda que proporcionan.

4.4. Tabla espinal

Este material de inmovilización tiene una superficie plana y rígida. Existe en diferentes materiales (madera o plástico) y se puede utilizar para realizar movilización e inmovilización de víctimas.

Su presentación varía: si es corta, inmoviliza cabeza, cuello y tronco, y, si es larga, inmoviliza los miembros inferiores.

Es un elemento indispensable a la hora de recoger, trasladar o transportar a un paciente accidentado con sospecha o lesión de la columna vertebral.

Este dispositivo es complementario del collarín cervical, inmovilizador de cabeza o de las férulas que pueda tener el paciente.

 Nota

Sus asas permiten la colocación de arneses para fijar la inmovilización de todo el cuerpo.

Las tablas espinales vienen en presentación pediátrica, que cuenta con todas las ventajas de la tabla de los adultos.

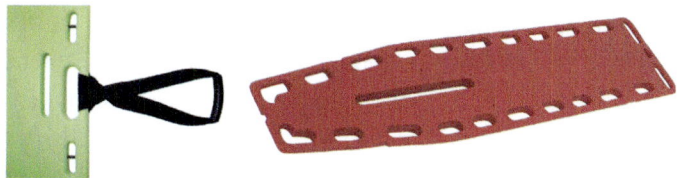

Tabla espinal corta y larga

5. Técnicas comunes de inmovilización

Las técnicas de inmovilización que continuamente se realizan en cualquier tipo de accidente, leve o no, implican la manipulación del paciente y la colocación de los materiales de protección que, a su vez, sirven para inmovilizar y minimizar la posibles lesiones que se puedan presentar en el momento de extraer al paciente del lugar del accidente o de la movilización del mismo.

Antes de la colocación de cualquier material de protección e inmovilización, es necesario realizar una valoración inicial ABC para descartar lesiones vitales o signos de expresión en el cuello y espalda, que no podrán ser valorados tras la colocación de estos dispositivos.

 **Definición**

Valoración inicial ABC
Es la valoración inicial que se realiza a todo accidentado y que consiste en la observación de los signos vitales. Las siglas ABC significan: A, alerta (consciencia); B, buena respiración; y C, circulación.

5.1. Técnica de colocación e inmovilización del collarín cervical

Esta técnica consiste en lo siguiente:

- Como primera medida, se debe contar con la presencia de mínimo dos sanitarios o rescatadores, debido a la posición que pueda tener en ese momento el paciente (supino, sedestación, decúbito prono).
- Se procede a realizar una valoración minuciosa de la columna cervical y se deben vigilar la vía aérea, la ventilación y la circulación (pulso).
- El sanitario con más experiencia debe situar la columna cervical en una posición neutra (paciente con la nariz al frente, no flexionada, ni extendida, ni rotar). La maniobra se hará delicadamente. A la vez, debe

concentrarse en notar crepitaciones, dolor excesivo o alteración neurológica (estado de conciencia). Si se presenta alguno de estos signos, no se debe mover la cabeza y se inmovilizará de inmediato (collarín cervical).

- Si la víctima es un niño de hasta aproximadamente 7 años y la posición neutra da origen a los signos anteriormente nombrados, se realiza la misma maniobra y se procede a colocar el collarín cervical pediátrico.
- La talla del collarín se puede obtener por medio de la siguiente técnica: se mide con los dedos haciendo dos líneas imaginarias que van desde lo más alto del hombro hasta el final del cuello, se lleva esta medida hasta el collarín y se escoge el tamaño más adecuado. Si la medida no es correcta para una talla, sino que es intermedia a dos tallas del collarín, se pondrá primero la más pequeña.
- Teniendo ya el collarín, se realizará la tracción cervical (si el paciente lo tolera). La tracción se realiza de manera muy delicada. El otro sanitario debe colocar el collarín, deslizando la lengüeta más larga por debajo del cuello del paciente, luego ajustar el mentón y asegurase de que esté bien puesto, firme, sin movimientos de flexión, extensión o rotación.
- Para finalizar, se cierra el collarín con la otra lengüeta, ajustando el velcro lateral (no olvidar retirar el pelo, cadenas, bufandas, etcétera).

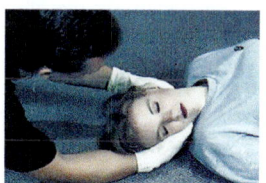 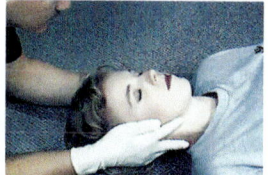 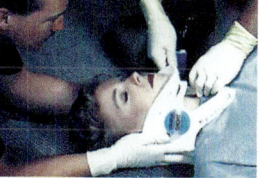

Colocación collarín cervical

Al realizar la técnica de colocación del collarín, se pueden presentar ciertas complicaciones:

- Movilización inadecuada del cuello, lo que puede terminar en una lesión espinal.
- Aplicación de una talla pequeña o muy grande del collarín cervical, permitiendo la flexión, extensión y rotación cervical.

- Cierre excesivo del collarín que incomoda al paciente y le puede ocasionar dificultad respiratoria.
- Cerrar de manera inadecuada el collarín, lo que permite todos los movimientos cervicales y puede causar lesiones mayores al paciente.

5.2. Técnica de inmovilización lateral de cabeza

Esta técnica consiste en lo siguiente:

- Antes de colocar el inmovilizador lateral de cabeza, se debe inmovilizar el cuello con un collarín cervical.
- Lo primero que se realizará es apoyar la cabeza en la base.
  Entre las dos piezas trapeciales, no se debe hacer presión y se deben fijar de manera simétrica.
- Las correas sujeta-cabezas se deben fijar. El primer bloqueo (mentonera) se hace pasando por encima del soporte para el mentón del collarín cervical, luego se inclina hacia arriba, hasta que se puedan alcanzar las correas de fijación y ajustar con el velcro para inmovilizarlas. De la misma forma se coloca la correa frontal.
- La base del inmovilizador lateral de cabeza se puede colocar y ajustar sobre la camilla de cuchara o la tabla espinal por medio de las asas y las cinchas con velcro que ya vienen incorporadas.

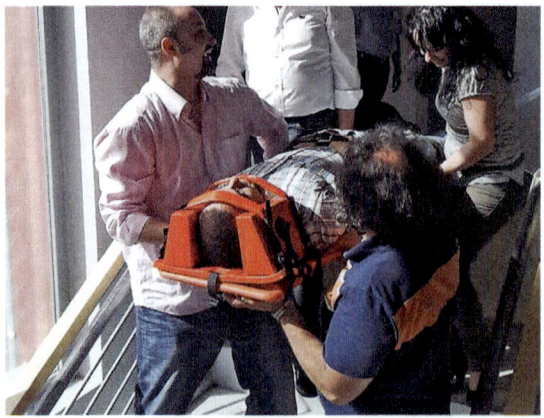

Manera correcta de colocar el inmovilizador de cabeza

5.3. Técnicas de inmovilizar férula MEI

Esta técnica consiste en lo siguiente:

- En esta técnica, es necesario contar con el apoyo de dos sanitarios.
- Lo primero que se debe hacer es separar las dos partes de la férula de inmovilización pediátrica MEI, para usar la parte que inmoviliza la zona torácico-lumbar.
- Seguidamente, se hará una tracción sobre el fémur (esta debe ser firme), desde la articulación distal (rodilla), levantando suavemente el miembro.
- El segundo sanitario debe introducir la férula desplegada de tal manera que rodee el centro de fractura.
- Por último, se deben cerrar las cinchas y se puede movilizar al paciente.

5.4. Tabla espinal

Su técnica de colocación es la siguiente:

- Para poder colocar la tabla espinal, se debe tener en cuenta la posición inicial del paciente.
- Para poder realizar las técnicas del volteo, se debe contar con mínimo dos sanitarios.
- Se debe tener en cuenta que las asas que están ubicadas a lo largo de la tabla deben estar completamente libres para poder facilitar la fijación del paciente por medio del arnés y posteriormente el agarre y traslado.

La tabla, al ser rígida, es bastante incómoda, sobre todo para los niños.

Recuerde

El tiempo máximo que el paciente puede estar en la tabla es de dos horas.

Para poder subir al paciente a la camilla, existen varias técnicas que, a continuación, se explican.

Técnica del puente

Esta técnica consiste en lo siguiente:

- Cuando se piensa realizar esta técnica, se debe contar con un mínimo de 5 sanitarios o rescatadores. Uno será el encargado de colocar la tabla espinal, camilla de cuchara o cualquier elemento que sirva para transportar al paciente.
- El sanitario que mayor experiencia tenga será quien dará las órdenes y realizará la inmovilización cervical.
- Se debe ubicar al paciente en posición decúbito supino y que quede entre las piernas de los sanitarios o rescatadores, quienes a su vez irán colocando sus manos a ambos lados en hombros, pelvis y rodillas. Un cuarto sanitario sujetará la cabeza y el cuello.
- A la orden del sanitario que se encarga de la cabeza, se hará un levantamiento mínimo para que el quinto sanitario o rescatador deslice la tabla o la camilla bajo el paciente.
- Tras dar una segunda orden, se bajará el paciente con cuidado y se colocará sobre la tabla espinal o la camilla para su posterior transporte.

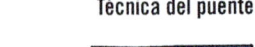

Técnica del puente

Técnica de volteo lateral

Esta técnica consiste en lo siguiente:

- Para realizar esta técnica, harán falta tres rescatadores.
- Antes de iniciar, se debe observar hacia qué lado se va a hacer girar al paciente, con qué espacio se cuenta y valorar si hay posibles fracturas en las extremidades.
- El sanitario más experto sujetará la cabeza y es quien decidirá cómo y cuándo realizar los movimientos. Se debe estar muy concentrado y atento, sobre todo en la colocación de las manos, para evitar los cruces de las mismas a la hora de realizar el giro del paciente.
- Otro sanitario se ocupará de coger al paciente por el hombro y la pelvis y un tercero por la cadera y la rodilla.
- A la orden del sanitario más experto y a una sola voz, se mueve al paciente hacia el cuerpo de los demás sanitarios o rescatadores y se le pone en posición de decúbito lateral.
- Antes de colocar al paciente en la tabla espinal o en la camilla, se puede revisar y valorar el estado de la columna vertebral.
- Acto seguido, se pondrá el paciente en la tabla o camilla en posición decúbito supino. Al paciente se le debe fijar a la camilla con el arnés o con cinturones que eviten el volteo o la caída de la víctima.

Técnica de traslado, levantamiento del paciente

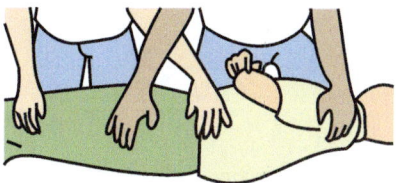

6. Técnicas de inmovilización con medios de fortuna

Para realizar la movilización e inmovilización de una víctima con lesiones traumatológicas, se debe contar con el material necesario y especializado para brindar la atención y el traslado del paciente de una forma segura y oportuna. No en todas las situaciones se podrá acceder a la víctima con los elementos necesarios, por ello, es indispensable saber cómo, cuándo y con qué materiales se pueden realizar instrumentos que, si bien no cumplen la misma función que los recomendados, por lo menos minimizan el riesgo de posibles lesiones secundarias.

 **Definición**

Técnicas de inmovilización con medios de fortuna
Todo proceso que limite la movilidad de una parte del cuerpo con materiales no específicos.

El material que se utilizará podrá ser cualquiera: madera, cartón, papel, sábanas, etcétera. Se debe tener en cuenta que, cuando ya esté colocado dicho material, este cumpla con su función y no agrave, complique o produzca otras lesiones.

 Importante

Nunca se deberán utilizar instrumentos cortantes o irritantes, como cuerdas, cables o alambres.

A continuación, se dan un par de ejemplos de materiales utilizados que pueden sustituir a los específicos en la técnica de inmovilización.

Si hay una víctima con lesiones en miembros superiores o inferiores, la inmovilización con medios de fortuna se puede realizar con:

- Piezas triangulares de tela.
- Tiras rectangulares de tela.

- Corbatas, cinturones, retales de tela.
- Periódicos, revistas.
- Maderas acolchadas.

A la hora de utilizar cualquiera de estos medios de fortuna para inmovilizar a la víctima, se debe realizar una valoración o revisión objetiva sobre las posibles lesiones que pueda tener el paciente, seguir con las precauciones, que esta vez deben ser mayores, porque los instrumentos con los que se cuenta no son los más indicados.

Consejo

Si no se tienen los conocimientos suficientes, es mejor dejar a la víctima en su sitio inicial, porque se le pueden causar lesiones mayores.

Se deben comprobar la vía aérea, el estado de conciencia, pulso, sensibilidad, color y temperatura, antes y después de colocar el sistema de inmovilización, por más sencillo que sea.

6.1. Material de inmovilización cráneo cervical

Como se explicaba en epígrafes anteriores, cuando se requiere inmovilizar la columna cervical o la cabeza, el principal objetivo es limitar los movimientos de flexo-extensiones y lateralización del cuello.

Ejemplo

Un paciente que, después de haber tenido un accidente de tráfico, se encuentra sentado dentro de un vehículo. Para poder realizar la inmovilización cervical, que es lo primordial en este paciente, lo primero que se debe hacer es un collarín cervical hasta la llegada del personal sanitario. Para ello, se podrá utilizar un periódico y seguir con la siguiente secuencia:

▌ Se debe coger el periódico, abrirlo y enrollarlo en su lado más ancho y sobre sí mismo por cuatro veces.

▌ La parte central se coloca en la cara anterior del cuello y el resto se adapta al cuello, se enfatiza en la parte posterior y se fija con cinta adhesiva o esparadrapo.

▌ Por último, se inmovilizará la cabeza con dos bolsas de plástico previamente llenadas con arena, estas se pondrán a ambos lados de la cabeza del paciente.

6.2. Material de inmovilización de la columna vertebral y pelvis

La inmovilización de la columna vertebral es más fácil de realizar en cuanto a material se refiere, se podrá colocar al paciente en una superficie rígida o dura (por ejemplo una puerta o tablero) y asegurarle a esta superficie con cinturones unidos, correas, cinta adhesiva, tiras de tela, etcétera.

Medios de fortuna: tablón abandonado y cinturón

Se debe tener en cuenta que el material que se use sea totalmente plano, rígido, fuerte y seguro.

Consejo

Abstenerse de utilizar troncos de árboles que sean redondos o cóncavos, porque pueden aumentar la lesión.

La columna vertebral y la pelvis siempre deben estar paralelas, no giradas hacia alguno de los lados, a menos que la fractura de la pelvis no permita su giro normal. Si este es el caso, no se debe olvidar que, pasadas dos horas, la zona de presión aumenta y, además, el paciente se siente incómodo en una misma posición por un tiempo prolongado.

6.3. Material de inmovilización de extremidades

Cuando se presenta un accidente, no solo se puede lesionar la columna cervical o vertebral, también se pueden presentar lesiones en los miembros superiores (brazos, antebrazos, muñecas o mano) o en los miembros inferiores (piernas, rodillas o pies). Por ello, es muy importante saber con qué medios de fortuna se puede realizar su inmovilización, hasta que la víctima pueda recibir la atención especializada.

Inmovilización de la extremidad superior

La mayoría de los pacientes con lesión en los miembros superiores (hombro, codo, muñeca, mano) pueden caminar por sí mismos. En casi todos los casos, el paciente sujeta la extremidad lesionada con la otra mano y adopta una posición antálgica o antiálgica, que consiste en pegar el brazo al cuerpo, con el codo flexionado más o menos a 90°. Esta posición será la que se aproveche para inmovilizar el brazo.

La clavícula es un hueso largo que articula, junto con la escápula, el tronco con el brazo. No se puede acceder a este hueso, por lo que la inmovilización se hace imposible. Se deberá inmovilizar todo el brazo, ya que con esto se descarga el hombro del peso del brazo y, a su vez, se limita la movilidad, lo que permite disminuir el dolor.

El cabestrillo se puede realizar utilizando un triángulo grande de tela o dos triángulos de tela. Con el primer triángulo de tela, se hará una charpa, correa o cabestrillo que irá atado al cuello y, con el segundo, se fijará el brazo al cuerpo.

Cabestrillo de tela

Nota

Otra técnica se basa en utilizar un cabestrillo con la ropa del paciente. Para ello, se dobla el borde inferior de la ropa del paciente hacia arriba (jersey, chaqueta, camisa larga, etcétera) y se sujeta con un imperdible o gancho.

Inmovilización de la extremidad inferior

Cuando se trata de inmovilizar las extremidades inferiores, el método más rápido y eficaz es utilizar el otro miembro como férula. Para ello, se debe poner una manta, sábana o una almohada entre las dos piernas para evitar que existan zonas de presión entre ellas y se puedan producir lesiones.

Uno de los sanitarios deberá hacer una suave tracción sobre el miembro fracturado para tratar de alinearlo. El segundo rescatador irá colocando un acolchado, sábanas, mantas o almohada entre las piernas, prestando atención a las prominencias (rodillas y tobillos).

Con vendas o pañuelos se debe sujetar una pierna a la otra. Para pasar las vendas o pañuelos, se hace por debajo de las rodillas y tobillos, entre las caderas (a la altura de la mitad del muslo) y entre los gemelos.

Inmovilización de miembros inferiores

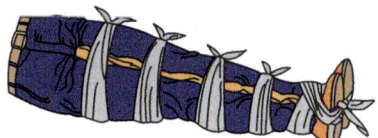

 **Nota**

Para finalizar la inmovilización, se comprueba que los nudos estén bien asegurados sobre la cara externa de la pierna que no está fracturada.

Aplicación práctica

No es su día laborable y decide ir con su familia de paseo a la playa. De camino, por la autovía se encuentra con un accidente de tráfico ocurrido hace pocos minutos. La colisión frontal fue entre dos coches de mediano tamaño. Inmediatamente, usted llama al 112 e informa de la situación. Al pasar cerca a uno de los vehículos se da cuenta de que hay un herido consciente que pide ayuda. Usted, en el momento, se da cuenta de que la víctima puede ser extraída del vehículo y realiza una valoración rápida, observando que el conductor del vehículo accidentado tiene una leve fractura en la pierna izquierda. De inmediato, pide ayuda a cuatro personas más que deciden colaborar con usted. Teniendo en cuenta que usted tiene el conocimiento y la destreza para colaborar con el rescate del paciente, ¿qué es lo primero que debe hacer y qué medios de fortuna necesitaría?

SOLUCIÓN

Debe revisar minuciosamente la cabeza y la columna cervical del paciente y, aunque, no tenga aparentemente lesión cervical, se debe inmovilizar como regla general. Para ello, usted pide a las personas que le están ayudando lo siguiente:

1. Papel de periódico: se debe coger el periódico, abrirlo y enrollarlo en su lado más ancho y sobre sí mismo por cuatro veces.
2. La parte central se coloca en la cara anterior del cuello y el resto se adapta al cuello, se enfatiza en la parte posterior y se fija con cinta adhesiva o esparadrapo.
3. Por último, se inmovilizará la cabeza con dos bolsas de plástico previamente llenadas con arena, estas se pondrán a ambos lados de la cabeza del paciente.

Ahora se saca al paciente del vehículo y se le coloca en el piso mientras llega el equipo sanitario. Se debe inmovilizar la pierna izquierda fracturada de la siguiente manera:

1. Uno de los ayudantes deberá hacer una suave tracción sobre el miembro fracturado para tratar de alinearlo, el segundo ayudante irá colocando un acolchado, sábanas, mantas o almohada entre las piernas, prestando atención a las prominencias (rodillas y tobillos).
2. Con vendas o pañuelos, se debe sujetar una pierna a la otra. Para pasar las vendas o pañuelos se hace por debajo de las rodillas y tobillos, entre las caderas (a la altura de la mitad del muslo) y entre los gemelos. Para finalizar la inmovilización, se comprueba que los nudos estén bien asegurados sobre la cara externa de la pierna que no está fracturada.

7. Resumen

Las fracturas se clasifican en:

- Incompletas y completas. Estas se dividen, según el trazo de la fractura, en:

  - Transversales.
  - Oblicuas.
  - Espiroideas.
  - Conminuta.

- Cerradas y abiertas.

Los elementos necesarios para la inmovilización de las extremidades son:

- Férulas neumáticas hinchables.
- Férulas metálicas maleables.
- Férulas de vacío.
- Férulas rígidas.
- Férulas MEI.
- Férulas de tracción.

El material de inmovilización está constituido por collarines laterales, tales como los collarines cervicales, blandos, semirrígidos (Thomas), rígidos (Philadelphia y Stifneck); inmovilizadores laterales de cabeza; inmovilizadores pediátricos (tipo MEI, tabla espinal pediátrica, colchón de vacío pediátrico, férula de MEI y tablero de bebe para incubadora), y tabla espinal.

Entre los materiales de inmovilización con medios de fortuna destacan: material de inmovilización cráneo-cervical, de columna vertebral y pelvis y de movilización de extremidades superiores e inferiores.

Ejercicios de repaso y autoevaluación

1. ¿Cuáles son las clases de fractura?

   a. Semicerradas.
   b. Redondas.
   c. Oblicuas y espiroideas.
   d. Circulares.

2. Dentro de los signos y síntomas para diagnosticar una fractura, ¿cuál es correcto?

   a. El paciente presenta cefalea tipo migraña.
   b. El paciente refiere dolor abdominal.
   c. Estreñimiento.
   d. Dolor e impotencia funcional.

3. ¿Cómo se realiza la técnica para valorar el llenado capilar?

   a. Se cogen los dos primeros dedos y se presionan hasta que queden morados.
   b. Se toma el dedo meñique y se pincha con una aguja.
   c. No se debe realizar esta técnica, ya que puede provocar lesiones graves.
   d. Se aprieta el lecho de la uña de cualquiera de los dedos de la extremidad y esta debe recuperar su color rosado en menos de 2 segundos.

4. ¿Qué valora la escala de Glasgow?

   a. El reflejo psicomotor.
   b. El estado de conciencia.
   c. Las pupilas.
   d. El reflejo foto-motor.

5. Los elementos para inmovilizar una extremidad son:

   a. Camilla tenedor.
   b. Férula hinchable.

    c. Cámara tetracameral.

    d. Férula hinchable y cámara tenedor.

6. El tablero espinal largo está indicado...

    a. ... en fracturas de miembros superiores.

    b. ... cuando hay sospecha de lesiones de la columna vertebral.

    c. ... en fracturas de cadera.

    d. Las opciones a y c son correctas.

7. Dentro de los collarines laterales, se encuentran...

    a. ... collarín de seguridad pediátrico.

    b. ... collarín cervical, rígido y semirrígido.

    c. ... collarín de material de colchón.

    d. ... collarín de papel de periódico.

8. La técnica de inmovilización que por su dificultad necesita de 5 sanitarios o rescatadores es:

    a. La técnica de Thompson.

    b. La técnica de vacío.

    c. La técnica de volteo.

    d. La técnica de puente.

9. Señale la respuesta incorrecta. Dentro de las técnicas de inmovilización con medios de fortuna se encuentran...

    a. ... con material de inmovilización cráneo-cervical.

    b. ... con material de inmovilización de extremidades superiores e inferiores.

    c. ... con material de inmovilización de columna y pelvis.

    d. ... con materiales como cuerdas, alambres y objetos punzantes.

10. La silla de patín está indicada para...

    a. ... subir escaleras con el paciente y que este no se canse.

    b. ... bajar a los pacientes por las escaleras, teniendo en cuenta el ajuste del cinturón de seguridad.

    c. ... servir de camilla al paciente, ya que es reclinable.

    d. ... poca cosa. Son muy difíciles de manejar.

Capítulo 3

Adecuación del procedimiento de transporte sanitario a la fisiopatología del paciente

Contenido

1. Introducción

El inicio del transporte sanitario terrestre data de principios del siglo XIX. Trasladar a los pacientes era por entonces una maniobra arriesgada para el paciente e incluso para los acompañantes del mismo. No se tenían en cuenta las variaciones, ruidos, temperaturas, etcétera, que ahora se reconocen como la base de la fisiopatología en el trasporte terrestre, aéreo y marítimo.

No solo la fisiopatología es relevante en el transporte del paciente, la posición adecuada que recomienda el profesional sanitario es útil a la hora de vigilar los signos y síntomas que pueda presentar la víctima antes de iniciarse algún tipo de complicación. El técnico en transporte sanitario deberá estar capacitado y bien informado sobre el tipo de conducción que debe realizar según la patología del paciente.

Los efectos de las variaciones, como el ruido, las vibraciones, la temperatura y la altitud, ejercen en el paciente fuerzas positivas o negativas que, dado el caso, agravarán o contribuirán al mejoramiento del estado de salud del paciente.

Las medidas de confort y seguridad en el traslado del paciente se han de tener en cuenta en todo tipo de traslado, por más leve que sea la herida o patología del paciente, sin olvidar la seguridad del mismo.

2. Concepto y fundamento de la fisiopatología del transporte sanitario

A continuación, se detallarán el concepto y el fundamento de la fisiopatología del transporte sanitario.

2.1. Concepto

No se puede especificar un solo concepto de transporte sanitario, debido a que se encuentran múltiples definiciones, pero, en todos los enunciados, el fin será el mismo. A continuación, se enuncian tres conceptos:

El Consejo de Europa (Estrasburgo, 1990) define el transporte sanitario urgente como:

Todo desplazamiento de un enfermo, herido o parturienta en los mejores intervalos de tiempo, mediante un vehículo especialmente adaptado y disponiendo de personal especializado, siendo este tiempo inferior a 30 minutos.

Por otro lado., se puede definir el transporte sanitario como el referente al traslado de pacientes entre el lugar del siniestro y el centro de atención, con fines diagnósticos o terapéuticos.

El Real Decreto 1211/1990, de 28 de septiembre (Ley de ordenación de los transportes terrestres), lo define de la siguiente manera: "el transporte sanitario es aquel que realiza el transporte o traslado de personas enfermas, accidentadas o que por cualquier otra razón requiera de un vehículo acondicionado para tal efecto".

La finalidad del transporte sanitario asistido siempre será el traslado del paciente en las mejores condiciones de atención, comodidad y seguridad, desde el lugar del accidente hasta el centro hospitalario más cercano.

2.2. Fisiopatología del transporte sanitario

En el transporte sanitario que se realiza a un paciente o víctima, existen varios y diferentes factores que pueden influir de manera positiva o negativa en el traslado del mismo. A estos factores se les llama elementos externos, ya que intervienen en todo lo que se encuentra dentro del vehículo de transporte sanitario, es decir, actúan en el paciente y en el personal sanitario que está dentro de la ambulancia.

Estos elementos físicos externos tienden a desarrollar diferentes respuestas fisiológicas sobre el sistema circulatorio, respiratorio y nervioso, fomentando algunas alteraciones sobre la presión arterial o la frecuencia cardiaca. Estas variaciones en un individuo sano tendrán mínima o nula trascendencia, pero en el traslado del paciente pueden provocar serias complicaciones e incluso la muerte.

En el personal sanitario se pueden ocasionar alteraciones tales como:

- Caídas.
- Golpes.
- Dificultad en la comunicación por ruido.
- Cinetosis.
- Alteraciones en la temperatura.

Definición

Cinetosis
Mareo ocasionado por el movimiento de cualquier tipo de vehículo, se da por las aceleraciones y desaceleraciones del transporte utilizado.

Los elementos de monitorización, inmovilización y tratamiento del paciente pueden ver alterado su funcionamiento normal por el proceso de traslado.

Los elementos físicos externos que influyen en el transporte sanitario terrestre o aéreo se ven influenciados por las aceleraciones-desaceleraciones, vibraciones, variaciones acústicas y por la temperatura. Para poder reducir los efectos que se producen, es necesario ubicar al paciente o víctima en la posición más adecuada.

3. Posición del paciente en la camilla según su patología

Para reducir los efectos producidos por las aceleraciones, desaceleraciones, vibraciones, etcétera, se hace necesario ubicar al paciente según la patología que presente. A continuación, se nombrarán e ilustrarán las posiciones más importantes.

Posiciones y descripción	Patologías	Gráficos
- Decúbito supino: paciente en plano horizontal apoyado sobre su espalda, "boca arriba". No se eleva el cabecero de la camilla. Sus piernas deben estar extendidas y los brazos alineados al cuerpo.	- Todo paciente traumatizado. - Paciente con lesión raquimedular. - Reanimación cardiopulmonar.	
- Decúbito prono o ventral: paciente acostado sobre su tórax y abdomen, se gira la cabeza lateralmente, brazos y piernas extendidas a lo largo del cuerpo.	- Valoración exhaustiva de la columna vertebral. - Quemados.	
- Decúbito lateral izquierdo o derecho: paciente acostado de lado, espalda recta, brazos flexionados cercanos a la cabeza. La pierna que está en contacto con la camilla va ligeramente flexionada y la otra debe estar flexionada para dar estabilidad a la posición.	- Bajo nivel de conciencia y sin aislamiento de la vía aérea. - Decúbito lateral izquierdo: embarazadas (evitar compresión del útero sobre vena cava inferior).	
- Fowler: paciente semisentado, cabecero de la camilla en ángulo de 45° y piernas ligeramente flexionadas. Esta posición tiene una serie de variantes según su inclinación: a 30° se llamará semifowler. Para ciertas patologías, se dejarán descolgar sus extremidades inferiores, para disminuir retorno venoso.	- Enfermedad respiratoria (EPOC, asma, bronquitis, etcétera). - Con las piernas descolgadas: insuficiencia cardiaca y/o edema agudo de pulmón.	
- Trendelemburg: paciente en decúbito supino, la estructura de la camilla está inclinada 45° en relación al plano del suelo, es decir, la cabeza está por debajo del nivel de los pies.	- Hipotensión. - Shock.	

Continúa en página siguiente >>

<< Viene de página anterior

Posiciones y descripción	Patologías	Gráficos
- AntiTrendelemburg: posición contraria a la anterior, es decir, la cabeza está más inclinada que los pies.	- Sospecha de hipertensión intracraneal. - Trauma cráneo-encefálico.	
- Genupectoral o mahometana: paciente boca abajo, apoyando sobre sus rodillas su peso.	- Exploración rectal. - Traumatismo rectal.	
- Abdomen agudo: paciente en decúbito supino con las piernas flexionadas.	- Sospecha de abdomen agudo, disminuye el dolor.	
- Ginecológica o de litotomía: paciente en decúbito supino, con pelvis apoyada en la orilla inferior de la camilla, piernas separadas y flexionadas, y colocadas en los estribos.	- Partos. - Abortos. - Exploración ginecológica.	

Recuerde

La finalidad del transporte sanitario asistido siempre será el traslado del paciente en las mejores condiciones de atención, comodidad y seguridad, desde el lugar del accidente hasta el centro hospitalario más cercano.

4. Conducción del vehículo según la patología

Sin importar si el medio de transporte sanitario es terrestre o aéreo, ni la posición elegida para el traslado, un profesional del equipo sanitario debe permanecer todo el tiempo al lado del paciente. El transporte sanitario elegido se debe adaptar según la patología del paciente, debido a que en ciertas ocasiones la víctima podrá necesitar un transporte rápido y, en otras, un transporte muy lento. Si el traslado se realiza a una velocidad muy baja, se debe solicitar escolta policial.

Ejemplo

Transporte rápido: pacientes en *shock* a causa de hemorragias que requieran intervención quirúrgica de urgencia. Transporte lento: paciente con lesión medular, ya que las aceleraciones, desaceleraciones, vibraciones, etcétera, comprometerían aún más la lesión.

En todos los casos, el transporte se debe realizar en las más óptimas condiciones de seguridad, comodidad y evitando las posibles lesiones que puedan surgir de una mala técnica en el traslado del paciente. Se debe adaptar la conducción no solo al paciente, también se han de tener en cuenta la vía, el tipo de vía y el tráfico, entre otros factores.

En el transcurso de todo el trayecto, no se debe descuidar la monitorización de las funciones vitales del paciente (presión arterial, frecuencia cardiaca, frecuencia respiratoria, etcétera). Todas estas acciones en conjunto minimizarán los efectos físicos sobre el paciente y los propios sanitarios.

Respecto al acompañamiento que algunos familiares quieren hacer al paciente, solo se permitirá en algunos casos en el traslado de niños o ancianos, en caso de que estos no tengan ningún medio para trasladarse al centro hospitalario donde se llevará al paciente.

 **Consejo**

Se debe advertir a los familiares del paciente de que no sigan el recorrido de la ambulancia a corta distancia.

Se hace necesario que haya una comunicación fluida entre el equipo sanitario. El transportista sanitario debería advertir, en lo posible, sobre las maniobras o cambios que deba realizar. Cuando se requiera transmitir algún tipo de información, se debe cuidar la confidencialidad y la intimidad del paciente, nunca realizar comentarios que puedan ofender o afectar al paciente.

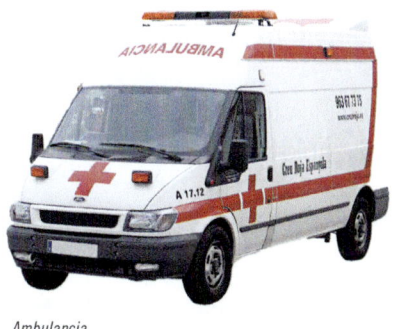

Ambulancia

 Aplicación práctica

Usted está de guardia y recibe una llamada de su centro sanitario para que acuda a la Avenida Reina Sofía para colaborar con el traslado de los heridos que hay, producto de una colisión múltiple entre varios vehículos. Al llegar allí, observa que algunos profesionales sanitarios han valorado a la mayoría de los pacientes y lo único que está pendiente es realizar el traslado de alguno de ellos, por lo que usted y su equipo sanitario deciden llevar a un paciente al centro asistencial.

Continúa en página siguiente >>

<< Viene de página anterior

El paciente tiene collarín de Thomas, posible lesión vertebral y una pierna fracturada. Al ver y evaluar al paciente, ¿cuál será la posición más cómoda y funcional para el paciente? Descríbala.

SOLUCIÓN

Decúbito supino:

I Paciente en plano horizontal apoyado sobre su espalda, "boca arriba". No se eleva el cabecero de la camilla. Sus piernas deben estar extendidas y los brazos alineados al cuerpo.
I Se utiliza para todo paciente traumatizado.

5. Factores que determinan cambios fisiológicos

Existe una serie de cambios fisiológicos, según las patologías, que pueden agravarse o sufrir serios cambios en el estado de salud del paciente. A continuación, se enunciarán algunos de ellos.

5.1. Variación de la velocidad. Aceleración/desaceleración

Aceleración y desaceleración provocan comúnmente desplazamientos tanto a nivel cefálico, como de vísceras, sangre, etcétera, los cuales son provocados por sensores orgánicos y por los circuitos nerviosos que son conducidos por el SNC (Sistema Nervioso Central) a los órganos efectores. Las aceleraciones bruscas provocan signos tales como hipotensión y taquicardia, entre otros, y las desaceleraciones bruscas provocan hipertensión, bradicardia, etcétera.

Estas aceleraciones son:

■ Lineales o longitudinales.
■ Trasversales o verticales.
■ Laterales.

En el siguiente cuadro, se explica cada una de las aceleraciones, las cuales pueden ser positivas o negativas (desaceleración). La sangre se desplazará a nivel caudal o cefálico, según el paciente se encuentre en posición decúbito supino o en sentido de la marcha.

ACELERACIONES LONGITUDINALES	(+) Actúan a lo largo del eje longitudinal, desplazando fluidos en dirección de cabeza a pies. (–) Actúa a lo largo del eje longitudinal, desplazando fluidos en dirección de pies a cabeza.
ACELERACIONES TRANSVERSALES	(+) Actúan en sentido anteroposterior. (–) Actúan en sentido posteroanterior.
ACELERACIONES LATERALES	Producen desplazamiento lateral del cuerpo.

 Importante

Si la aceleración o la desaceleración se mantienen y no presentaran cambios, la sangre podría acumularse en diferentes regiones, pudiendo ocasionar varios síntomas.

Estos elementos proporcionan una serie de fuerzas, como en la intensidad de la aceleración-desaceleración, que tendrán un sentido contrario al de desplazamiento del medio en movimiento.

 Sabía que...

Estas fuerzas pueden provocar alteraciones en la presión de los líquidos de las diferentes partes internas (a nivel intravascular). Los cambios de presión serán detectados por receptores de presión barorreceptores (órgano o región del cuerpo sensible a las variaciones de presión), que son los receptores vasculares de alta presión que se encuentran localizados en el cayado aórtico, bifurcación de las carótidas, o los de baja presión (arterias pulmonares, aurículas).

A continuación, se explicará la aceleración longitudinal, que es la más común en el medio sanitario.

Aceleraciones longitudinales

Son las que provocan comúnmente la estimulación de dichos barorreceptores que detectan cambios en la presión de la sangre. Dichos receptores mandarán órdenes al corazón y a los grandes vasos, con el fin de compensar o normalizar los cambios en la presión.

Al trasladar a un paciente en camilla, se está proporcionando una aceleración longitudinal, ya que el sentido de dicha fuerza va dirigido desde la cabeza a los pies (G+), por lo que la sangre se acumulará en la parte inferior del cuerpo. En el caso de que se llegase a presentar aceleración (G-), a la que se podría llamar desaceleración, es decir, que va dirigida desde los pies hacia la cabeza del paciente, la sangre se acumulará en las áreas superiores del cuerpo.

En el caso anterior, los barorreceptores detectarán cambios en la baja de la presión arterial o todo lo contrario. Pero lo más importante es que en los dos casos se presentarán una serie de mecanismos reflejos de compensación que intentarán corregir las alteraciones a nivel circulatorio.

Cuando se sube al paciente a la ambulancia, siempre se tiende a tumbarlo en una camilla sobre el eje de la marcha, con la cabeza hacia la parte delantera del vehículo. Las aceleraciones que más influyen en el paciente son las longitudinales o lineales o las aceleraciones laterales, que se producen en las curvas.

En aceleraciones longitudinales (G+), en este tipo de vehículos puede llegarse a alcanzar los +0,8 G en el momento del arranque, hasta +0,5 durante los cambios de marcha.

Recuerde

Los tipos de aceleraciones positivas longitudinales tienden a provocar ciertas fuerzas en sentido contrario al de la marcha que van actuando cuando se tumba al paciente, dando como resultado hipertensión arterial, taquicardia compensatoria o alteraciones cardiacas, que se pueden comprobar en un electrocardiograma.

En los vehículos aéreos, ya sean aviones o helicópteros, las aceleraciones lineales en el momento de la marcha son más suaves que las trasversales o las laterales.

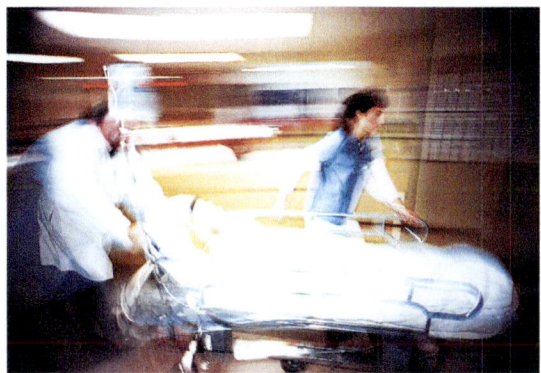

Aceleración longitudinal mediante el traslado de un paciente en camilla

Nota

Las aceleraciones trasversales se producen por las subidas o bajadas bruscas que se producen en medios aéreos.

5.2. Vibraciones

La vibración es energía trasmitida en forma de ondas mecánicas. En la relación sobre los seres humanos, dependerá de la frecuencia, intensidad y, sobre todo, de la duración de la exposición.

La transmisión directa por contacto trasmite vibraciones mecánicas y la indirecta (medio elástico, gas) produce vibraciones acústicas y sonidos. Dichas vibraciones afectan a la parte del cuerpo que se encuentra en contacto directo con una superficie vibrante (camilla).

Las ambulancias terrestres producen vibraciones debido al motor, la suspensión y el chasis, que repercuten en el paciente en función de la intensidad. Las vibraciones que más influyen de manera negativa en el paciente están entre 3 y 20 Hz de frecuencia y las prejudiciales están entre 4 y 12 Hz, las cuales producirán fenómenos de resonancia en los órganos corporales.

 Sabía que...

Las vibraciones entre 4 y 16 Hz producidas por las ambulancias se encuentran entre las más peligrosas biológicamente, porque traspasan los órganos internos. Sin embargo, las que producen los helicópteros, que se encuentran entre 12 y 28 Hz (dependiendo del número de palas), no son peligrosas biológicamente.

Independientemente de las alteraciones que produzcan las vibraciones sobre el organismo del paciente trasladado, así también estas pueden producir alteraciones en la lectura de los aparatos que se utilicen para la monitorización de las constantes, haciendo imposible, a veces, su toma durante el traslado.

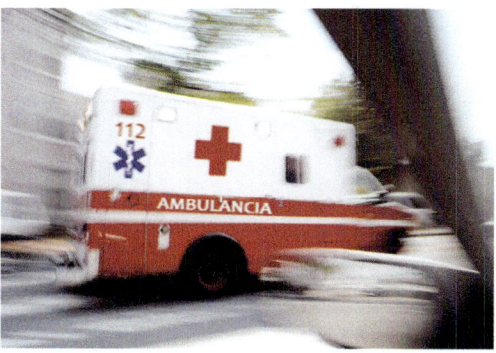

Vibraciones mecánicas

 Nota

Estas vibraciones también provocan alteraciones sobre la perfusión de suero.

Vibraciones en aparatos

Hay varios aparatos que son fundamentales y se utilizan diariamente en este campo de trabajo, pero que muchas veces pueden presentar problemas debido a los efectos secundarios que producen, como es el ruido, ya que en el momento de estar atendiendo a la víctima para salvar su vida, se le pueden estar provocando inconvenientes.

 Ejemplo

A causa de las vibraciones pueden empezar a sonar alarmas, las cuales incomodan al paciente.

A continuación, se recogen algunos de estos aparatos.

Artefactos en monitor de presión arterial	
Artefactos en ECG	
Artefactos en bombas	
Artefactos en pulsioxímetros	

Para disminuir las vibraciones, se pueden tomar ciertas precauciones de la siguiente manera:

- Vehículos de trasporte sanitario en perfecto estado mecánico.
- Suspensión adecuada y en perfecto estado.
- Utilización de camillas flotantes.
- Inmovilización del paciente con colchón de vacío.

5.3. Ruidos

En cuanto al ruido, se hace referencia especialmente al que ocasionan las sirenas de las ambulancias, lo cual produce ansiedad y miedo, que pueden producir cambios de la frecuencia cardiaca, respiratoria y tensión arterial.

Nota

El ruido se mide en decibelios (dB).

La sensación de ruido aparecerá cuando el sonido es percibido con una gran intensidad, siendo desagradable, molesto e indeseado.

El sistema auditivo humano tiene un amplio rango de tolerar el ruido pero, muchas veces, en un helicóptero esta tolerancia es excedida.

 Sabía que...

Por vía aérea, el nivel de ruido será mayor que en el trasporte terrestre, oscilando entre 80-90 y 110 dB.

Los problemas más usuales en el vehículo de trasporte sanitario son los siguientes:

- El nivel de ruidos producidos por la propia ambulancia, el tráfico externo, el material, el personal y, sobre todo, las sirenas, dificultan la auscultación del paciente o la toma de signos vitales, interfiriendo, a veces, con la comunicación interpersonal, complicando la audición de las alarmas de los monitores y de las fugas aéreas que se produzcan en los sistemas de ventilación/oxigenación del paciente con ventilación mecánica.
- Uno de los principales efectos crónicos sobre el personal asistencial serán molestias debido a fatigas o a la pérdida permanente de la audición, evolucionando de forma insidiosa y, a menudo, no detectada.

■ En el caso de las ambulancias que utilizan diariamente las sirenas, que conforman un sistema principal de la seguridad activa, la frecuencia recomendada está entre 1 y 4 Hz. Muchas veces, las intensidades inferiores no resultan eficaces. Sin embargo, sobrepasan el límite de la intensidad, ya que crean un sonido envolvente que no permite localizar el origen del sonido. Por lo tanto, la técnica que ha demostrado ser eficaz es el cambio entre los diferentes sonidos. De todas formas, las sirenas poseen una serie de efectos nocivos (ansiedad, trastornos del sueño y molestias a la población).

 Nota

El personal de asistencia está más expuesto a la pérdida de la audición, la ansiedad, miedo y sensación de gravedad. Todas estas variables provocarán alteraciones vegetativas y de las constantes vitales durante el traslado.

De lo expuesto anteriormente, es posible sacar una serie de conclusiones que ayudarán en el trabajo diario:

■ Utilizar las sirenas de las ambulancias solo si es imprescindible.
■ El ruido impide realizar determinadas actividades, como en el momento de auscultar al paciente, en la toma de presión arterial y en la escucha de las alarmas sonoras.
■ Hay que tener muy en cuenta los niveles del ruido en 70 dB, ya que provocan alteraciones del sueño, cambios en la frecuencia cardiaca en el adulto y vasoconstricción periférica en neonatos, además de presentar ansiedad y cuadros vegetativos.

 **Importante**

Todo ello hace indispensable tomar medidas de protección acústica para el paciente, sobre todo en el transporte sanitario aéreo.

5.4. Temperatura

Las temperaturas extremas, tanto altas como bajas, dentro del medio de trasporte, influirán de forma negativa, no solo sobre el paciente, sino también sobre el personal asistencial, en fármacos y en algunos aparatos de electro-medicina, que son capaces de trabajar solamente en un rango estrecho de temperatura.

Las bajas temperaturas influyen de una manera negativa en el paciente durante el traslado, obteniendo como resultado el colapso vascular periférico, ya que aumenta el consumo de oxígeno con los escalofríos, conduciendo al paciente a una hipotermia.

Por otra parte, el calor excesivo puede provocar:

- Sudoración profusa.
- Trastorno del equilibrio hidroelectrolítico.

La temperatura es un factor importante a tener en cuenta, sobre todo en pacientes con problemas en la regulación de la temperatura. En este tipo de pacientes se debe extremar el cuidado en mantener una temperatura estable y adecuada durante todo el traslado.

 Ejemplo

Recién nacidos, con patologías cardiovasculares, los lesionados medulares, traumatizados graves, pacientes quemados, pacientes con hipotermia, etcétera.

5.5. Altitud

Los trastornos condicionados por la altitud van a producirse de manera exclusiva en los traslados que se realicen utilizando medios de trasporte aéreo (helicóptero y avión). Las alteraciones debidas a la altitud se generan como consecuencia de la disminución de la presión parcial de oxígeno (sobre todo en pacientes con insuficiencia respiratoria, *shock,* hipovolemia, edema agudo del pulmón, isquemia y anemias) y por la expansión de gases.

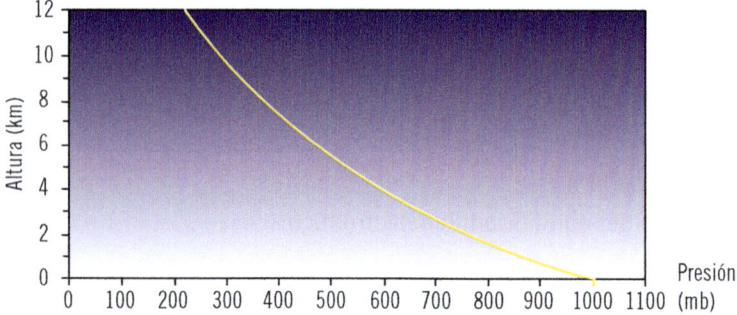

Presión atmosférica según la actitud

 Importante

Hay que prestar atención en situaciones de distensión gástrica, ulceraciones diverticulares, neumotórax, heridas y suturas, al igual que con los equipos neumáticos, como férulas o neumotaponamientos.

Como es sabido, la presión atmosférica disminuye con la altura. A temperatura constante, el volumen de un gas es inversamente proporcional a su presión, por lo tanto, al disminuir la presión atmosférica, los gases se expanden.

Así, la expansión de los gases y la disminución en la disponibilidad del oxígeno son los factores que van afectar al transporte sanitario aéreo. Dependiendo de esto, pueden darse una serie de alteraciones, tales como disminución de la presión parcial de oxígeno y expansión de gases.

Disminución de la presión parcial de oxígeno

La presión de oxígeno disminuye desde 159 mm/hg a nivel del mar hasta 73 mm/hg a 20.000 pies de altitud. A 10.000 pies, en sujetos sanos no hay repercusión clínica, al existir a estas altitudes una presión de oxígeno de 109 mm/hg, ya que, según la curva de disociación de la hemoglobina, a esta presión de oxígeno existe una saturación de la misma de 97 %.

Disminuir la presión de oxígeno del aire influiría notablemente sobre la presión de oxígeno arterial y alvcolar, con lo cual se podrían presentar alteraciones a nivel patológico.

 Importante

La presencia cada vez más acentuada de dióxido de carbono en el alveolo ejerce una presión parcial proporcionalmente mayor a medida que aumenta la altitud, al disminuir la presión de oxígeno, provocando los mecanismos de compensación fisiológicos basados en el aumento del gasto cardiaco y en la hiperventilación, mecanismos que pueden provocar en un sujeto enfermo su desestabilización clínica.

Estructura de los órganos respiratorios

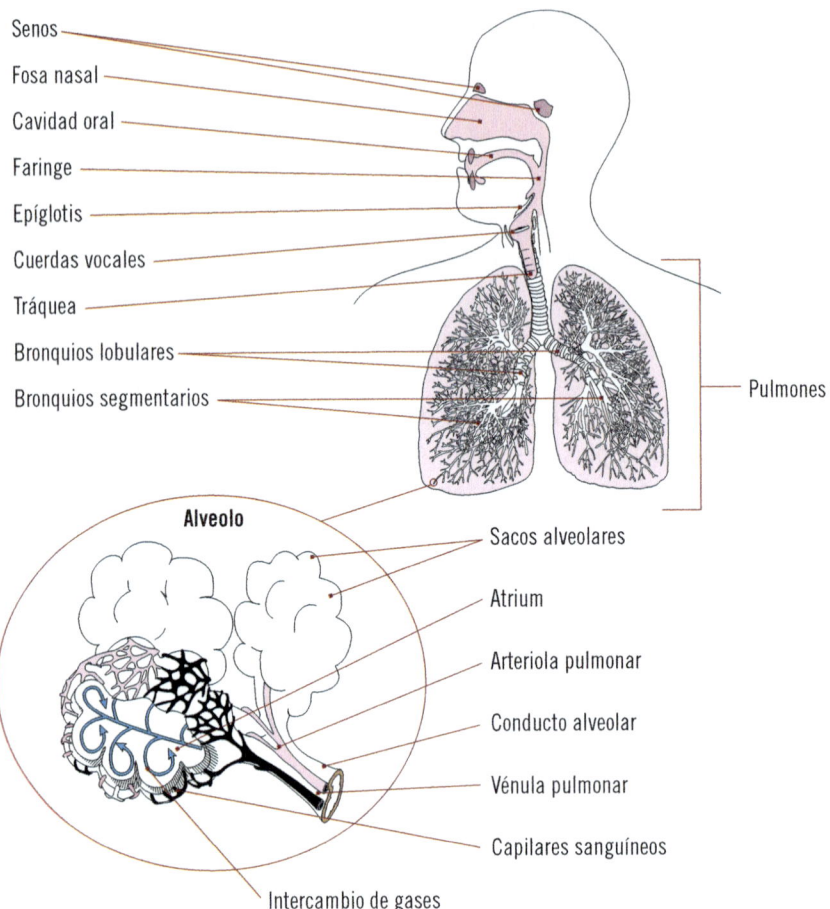

Senos

Fosa nasal

Cavidad oral

Faringe

Epíglotis

Cuerdas vocales

Tráquea

Bronquios lobulares

Bronquios segmentarios

Pulmones

Alveolo

Sacos alveolares

Atrium

Arteriola pulmonar

Conducto alveolar

Vénula pulmonar

Capilares sanguíneos

Intercambio de gases

Estas complicaciones se presentan en enfermos con patologías respiratorias, anemias y trastornos isquémicos coronarios, *shock* e hipovolemias, etcétera.

Para contrarrestar estos efectos de la hipoxemia, se debe modificar la FIO_2 a través de la mascarilla o mediante intubación endotraqueal.

 **Definición**

FIO$_2$
Fracción de oxígeno inspirado en una mezcla de gases. La FIO$_2$ normal en una habitación es de 0,21 (21 %).

Expansión de gases

Cuando el volumen de gases aumenta en un 30 %, debido a que la altitud ronda los 6.000 pies, puede provocar problemas en el transporte sanitario aéreo a distintos niveles:

- Repercusión sobre los órganos y sistemas corporales.
- Síndrome gastrointestinal: agravamiento de los íleos, dehiscencia de suturas, hemorragia gástrica, aumento de la presión diafragmática, etcétera.
- Síndrome respiratorio: neumotórax e insuficiencia respiratoria aguda (IRA) o crónica, roturas de bullas enfisematosas.
- Aumento de la presión intraocular (glaucoma).

6. Efectos de las variaciones de la velocidad, vibraciones, ruidos, temperatura y altitud

Estos efectos son muy importantes y es indispensable conocerlos, ya que muchas veces se debe saber qué hacer en caso de que se presenten. Por ello, a continuación, se indican las posibles patologías que intervienen en cada uno de los factores.

6.1. Efectos de aceleraciones y desaceleraciones

Las variaciones de velocidad provocan una serie de cambios en el organismo que hay que tener en cuenta a la hora de tratar al paciente.

Es posible enumerarlos de la siguiente manera:

- Cambios en atracción gravitatoria:

  - Cambios de peso y posición (ascensores).
  - Movilización interna de líquidos.
  - SNC (Sistema Nervioso Central): controla los vasos y el corazón.
  - Órganos vestibulares-cinetosis.
  - Sistema nervioso vegetativo, que puede provocar normalidad en estímulos originados en aurícula.
  - Los estímulos son integrados en la médula, el hipotálamo y el córtex.
  - Respuesta nerviosa trasportada a través del simpático y parasimpático sobre los órganos efectores, corazón y grandes vasos.

- Cambios en la presión hidrostática:

  - Las aceleraciones positivas (G+), arranque: +0,8 G, cambio de marcha: 0,3 a 0,5 G, producen:

    - Hipotensión de presión venosa central.
    - Taquicardia refleja.
    - Alteraciones en el ecocardiograma y cambios en el segmento ST (es una derivación electromagnética del corazón).
    - Hipoperfusión cerebral con pérdida de conciencia.

- Las desaceleraciones (G-), frenazos bruscos: 0,5 G a 0,9 G, producen:

  - Aumento de la presión arterial.
  - Aumento de la presión intracraneal (PIC).
  - Bradicardia refleja.
  - Paro cardiorrespiratorio por asistolia.
  - Distorsión de tejidos elásticos:

    - Lesiones por golpe directo.
    - Lesiones por desplazamientos.

▪ Desinserción y ruptura.

▪ Aumento aparente de peso en impacto.

6.2. Efectos de las vibraciones

Los efectos de las vibraciones son los siguientes:

- Se producen respuestas vegetativas a nivel respiratorio, con un aumento de la frecuencia respiratoria (hiperventilación), o sobre el sistema cardiovascular, con la aparición de aumento de la frecuencia cardiaca (taquicardia).
- También podrían darse situaciones de resonancia de los órganos internos con las vibraciones producidas, provocando destrucción de los tejidos (sobre todo rotura de capilares que aumentarían el riesgo de hemorragias).
- Se provocarían dolor torácico, mandibular y abdominal, disartria, cefalea y ansiedad.

Efecto de las vibraciones sobre el cuerpo humano	
Efecto	**Frecuencia Hz**
Cefalea	13-20
Dolor de mandíbula	13-20
Dificultad para hablar	6-8
Dolor toráxico	5-7
Dolor al respirar	1-3
Dolor abdominal	4,5-10
Dolor sacrolumbar	8-12
Tenesmo rectal (sensación continua de defecar o de defecación incompleta).	10,5-16
Tenesmo vesical (sensación continua de miccionar).	10-18

6.3. Efectos del ruido

Fisiológicamente, el sistema auditivo del ser humano está adaptado a los sonidos producidos por las variantes del medioambiente.

Ejemplo

Algunas de estas variantes pueden ser el sonido de la naturaleza, la voz de las personas, los sonidos que emiten los animales, sonidos que se captan comúnmente en nuestro medio habitual.

Cuando estos sonidos superan los decibelios a los que el sistema auditivo está adaptado, se pueden producir lesiones en el oído interno, medio y externo.

Los efectos del ruido sobre el organismo son:

- Efectos psíquicos (ansiedad): entre 70 y 85 dB. Pueden ser ruidos de tráfico intenso o un taladro.
- Efectos vegetativos (sudoración, náuseas, palidez): a partir de 85 dB.
- Efectos endocrinos (liberación de catecolaminas como por ejemplo la adrenalina): a partir de 100 dB. Se trata de sonidos fuertes como el despegue de un avión.

Ruido

6.4. Efectos producidos por la altitud

Dentro de los signos y síntomas más comunes que se pueden encontrar en el paciente que está siendo transportado por vía aérea, en general, se observan los siguientes:

- Disminución del aporte de O_2.
- TEP (tromboembolismo pulmonar).
- El transporte por aéreo está contraindicado en pacientes con disnea de reposo.
- Hematocrito inferior al 30 %, dependiendo del proceso y duración del traslado.
- Síndrome de HEC (hipertensión endocraneal).
- Quemaduras del árbol respiratorio.
- Intoxicación por monóxido de carbono.

Los aumentos de presión debido a la altura, los gases que quedan atrapados en el organismo, pueden provocar disbarismos, lo que se da en el traslado del paciente por vía aérea a 6.000 pies.

 Definición

Disbarismos
Formación o expansión de burbujas gaseosas en el interior de tejidos.

 Nota

El volumen de los gases se aumentará en un 30 %, provocando así que las cavidades tengan dificultad de equilibrio de presión y se vean alteradas.

A nivel digestivo, debido a la expansión de gases, se puede dar:

- Apendicitis aguda.
- Diverticulitis.
- Hernias estranguladas.
- Parálisis intestinal.
- Dehiscencia de suturas en intervenciones recientes.
- Náuseas, vómitos.
- Insuficiencia respiratoria secundaria, dolor abdominal, e incluso puede llegar a rotura de vísceras.

 Importante

Por todo ello, se deben colocar sondas nasogástricas o rectales.

6.5. Efectos de las variaciones

En los siguientes cuadros, se describirán los signos y síntomas que son ocasionados por las diferentes variaciones de velocidad, vibraciones, ruido, etcétera, según el sistema afectado (cardiovascular, respiratorio e hipovolémico), así como las alteraciones en el trauma ortopédico y en la monitorización de los signos vitales.

Efectos de variaciones de velocidad, vibraciones, ruido, temperatura, altitud y patologías que causan				
Sistema afectado	Aceleraciones	Vibraciones/ Ruidos	Temperatura	Altitud
Cardiovascular	A.C. LONG (+): - Hipotensión. - Taquicardia. A.C. LONG (-): - Hipertensión. - Bradicardia. - Cinetosis. - Alteraciones vegetativas.	Taquicardia: - Ansiedad. - Dolor. - Alteración vegetativa.	Hipertermia: - Vasodilatación. - Hipotensión. - Alteración vegetativa. Hipotermia: - Vasoconstricción. - Liberación de catecolaminas. - Hipertensión. - Tendencia arritmias.	Aumento altitud: - Disminución de O_2 ambiental, causado por: - Disminución-saturación parcial de oxígeno (pO_2). - Taquicardia. - Paciente consciente: ansiedad.
Respiratorio	Alteraciones en la capacidad pulmonar.	Bradipnea. - Dificultad respiratoria.	Hipotermia: - Taquipnea.	Aumento altitud: - Disminución de oxígeno ambiental. - Paciente consciente: - Ansiedad. - Taquipnea. - Empeoramiento de neumotórax a tensión por aumento del volumen del aire contenido.
Hipovolémico	A.C. LONG (+): - Hipertensión. - Taquicardia. - Pérdida de la consciencia.	Roturas de capilares por vibraciones.	Hipertermia: - Vasodilatación. - Hipertensión por hipotérmia, las causas son: - Liberación de catecolaminas. - Arritmias.	Aumento altitud: - Disminución de O_2 ambiental, donde las causas son: - Disminución-saturación parcial de oxígeno (SpO_2). - Taquicárdia

Continúa en página siguiente >>

<< Viene de página anterior

Efectos de variaciones de velocidad, vibraciones, ruido, temperatura, altitud y patologías que causan

Sistema afectado	Aceleraciones	Vibraciones/ Ruidos	Temperatura	Altitud
Trauma ortopédico	- Dolor. - Desplazamiento de la inmovilización.	- Aumento del dolor. - Desplazamiento de fracturas por vibraciones.	Hipotérmia: Incomodidad (frío) del paciente por la exposición para valoración e inmovilización y por la liberación de catecolaminas.	Aumento altitud: Disminuye O_2 ambiental. Disminución-saturación parcial de oxígeno (SpO_2)., aumento del volumen del aire en las férulas neumáticas, lo que conlleva a: - Aumenta compresión en las férulas de vacío. - Taquicardia.
Monitorización (presión arterial, saturación parcial de oxígeno (SpO_2), EKG)	Movimientos del monitor y del paciente: alteración de las mediciones.	Producción de artefactos en los aparatos de monitorización, debido a las vibraciones, dificultad de auscultación por ruidos, imposibilidad de oír alarma.	Dificultad en las mediciones por escalofríos y por vasocostricción. Algunos aparatos solo funcionan con rangos estrechos de temperatura.	Problemas de monitorización relacionados con la disminución de la temperatura ambiente. Estrecha monitorización de la saturación parcial de oxígeno (SpO_2). Aumento del volumen del aire contenido en el manguito de presión arterial.

7. Medidas de confort y seguridad en el traslado

Estas medidas de prevención se deben tener en cuenta porque ayudan a la disminución de riesgos que se puedan presentar en los pacientes en el momento del traslado.

7.1. Aceleraciones

En la aceleración se debe tener en cuenta lo siguiente:

- Antes de ser trasladado el paciente, se le deberá colocar un colchón de vacío para mantenerle en una posición estable, evitando posibles traumatismos o lesiones medulares.
- Fijar bien las correas en el sitio que corresponde.
- Explicarle al paciente los procedimientos que se le realizan en el momento del traslado.
- Colocar al paciente con la cabeza hacia la parte delantera del vehículo y que esté situada en el eje de la marcha.

7.2. Vibraciones

Para evitar al máximo las vibraciones, se pueden tomar una serie de medidas y precauciones, las cuales se enumeran a continuación:

- Vehículos en perfecto estado mecánico.
- Suspensión del vehículo adecuada y en buen estado.
- Utilización de camillas con suspensión neumática.
- Inmovilización del paciente con colchón de vacío, sobre todo en caso de posibles lesiones medulares.
- Se debe tener muy en cuenta que las vibraciones provocan dolor y desplazamientos de lesiones óseas, por lo cual se deberán siempre utilizar las férulas, ya que reducen la incidencia de este elemento físico sobre las lesiones ortopédicas.
- Las vibraciones también producirán alteraciones de la caída de las perfusiones, debiendo utilizar siempre bombas de perfusión o, en su defecto, dosificadores-limitadores de flujo.
- Hay que tener en cuenta que las vibraciones producen ciertas consecuencias en la monitorización digital de la presión arterial, de la saturación de oxígeno y en la monitorización electrocardiográfica.
- Las vibraciones pueden producir caída y movimiento del material contenido en el habitáculo asistencial.

7.3. Temperatura

Se deben prevenir los cambios bruscos y mantener siempre una temperatura agradable y adaptada a las necesidades del paciente, tomando estas medidas:

- Sistema de acondicionamiento de aire en el vehículo.
- Uso de mantas térmicas.
- Evitar, en lo posible, la exposición de los vehículos al frío o al calor.
- Calentar previamente el habitáculo asistencial en caso de pacientes que sean muy susceptibles a descensos en la temperatura, como:

    - Cardiovasculares.
    - Hipotérmicos.
    - Neonatos.
    - Lesionados medulares.
    - Grandes quemados.

- Los aparatos de electromedicina funcionan en unos estrechos márgenes de temperatura y se deben proteger y mantener dentro de ellos para un buen funcionamiento.
- Las temperaturas extremas, además de afectar al estado del paciente, también van a influir de una manera muy directa sobre el rendimiento del personal que le atiende.

7.4. Ruido

El ruido es uno de los factores que más afectan tanto al personal sanitario como al paciente. Por ello, se hace necesario tener en cuenta una serie de cuidados o medidas, con el fin de reducir riesgos o lesiones, tales como:

- Utilizar las sirenas de las ambulancias solo si es imprescindible.
- El ruido impide en muchas ocasiones realizar determinadas actividades (la auscultación del paciente, la toma de tensión arterial o la escucha de las alarmas sonoras, etcétera). Es conveniente utilizar medios de diagnóstico digitalizados.

■ Los niveles de ruido de 70 dB provocan una serie de signos y síntomas en el paciente (ansiedad, alteraciones de la frecuencia cardiaca, alteraciones vegetativas y cambios en la frecuencia cardiaca e hipoxia en el neonato), por lo cual es necesario implementar una serie de medidas de protección acústicas, sobre todo en el trasporte aéreo.

7.5. Altitud

La altitud es otro de los factores importantísimos a tener en cuenta, dado que los efectos secundarios que provoca merecen toda la atención del equipo asistencial. Estos efectos se pueden enunciar de la siguiente forma:

■ Aumento de presión en sistemas de neumotaponamientos, sondajes y tubos endotraqueales, por lo que se aconseja hincharlos con suero fisiológico y no con aire.
■ Alteración del rimo de perfusión de sueros, por lo que es conveniente la utilización de bombas de infusión.
■ Disminución de la consistencia de los sistemas de vacío, por lo que habrá que controlar la dureza de forma periódica.
■ Aumento de la consistencia de los sistemas de hinchado que se encuentren puestos, por ejemplo férulas neumáticas de inmovilización o manguitos de PA, vigilando estrechamente su presión.
■ Adaptación del volumen tidal (el que se proporciona en cada ventilación) en los respiradores para evitar barotraumas.
■ Utilización de sistemas que aseguren una buena caída de las perfusiones.

También el aumento de la altitud produce un descenso de la cantidad de oxígeno en aire ambiente. Se debe procurar:

■ Monitorizar continuamente la saturación de oxígeno del paciente.
■ Administración de oxígeno suplementario en caso de hipoxemia.

Aplicación práctica

Un paciente de 80 años que necesita ser trasladado al hospital por motivo de consulta: lleva dos días con dolor precordial y tensiones altas, además se encuentra con oxígeno permanente. Un familiar llama a pedir ayuda de transporte sanitario, llegan los sanitarios a trasladar al paciente, pero lo hacen de una manera rápida y brusca, por lo cual el paciente se observa nervioso y ansioso. En el transcurso del viaje, los sanitarios colocan las sirenas y van a toda velocidad.

1. ¿Cuáles son los factores que podría presentar el paciente debido a la imprudencia de los sanitarios?
2. ¿Qué medidas de confort podría tomar usted como sanitario en el momento de trasladar al paciente?

SOLUCIÓN

1. Hay dos factores que podrían ser un riesgo para el estado de salud del paciente:

■ Aceleraciones/desaceleraciones (aceleraciones longitudinales):

  ı Son las que provocan comúnmente la estimulación de los barorreceptores que detectan cambios en la presión de la sangre. Dichos receptores mandaran órdenes al corazón y a los grandes vasos con el fin de compensar o normalizar los cambios en la presión.

  ı Al trasladar a un paciente en camilla, se está proporcionando una aceleración longitudinal, ya que el sentido de dicha fuerza va dirigido desde la cabeza a los pies (G+), con lo cual la sangre se acumulará en la parte inferior del cuerpo. En el caso de que se llegase a presentar aceleración negativa (G-), es decir, desaceleración, que va dirigida desde los pies hacia la cabeza del paciente, la sangre se acumulará en las áreas superiores del cuerpo.

■ Ruido:

  ı Las sirenas de las ambulancias producen ansiedad y miedo, que puede producir cambios de la frecuencia cardiaca, respiratoria y tensión arterial. La sensación de ruido aparecerá cuando el sonido sea percibido con una gran intensidad, siendo desagradable, molesto e indeseado.

Continúa en página siguiente >>

<< Viene de página anterior

2. Las medidas de confort son:

■ Aceleraciones:

ı Antes de ser trasladado el paciente, se le deberá colocar un colchón de vacío para mantenerle en una posición estable, evitando posibles traumatismos o lesiones medulares.

ı Fijar bien las correas en el sitio que corresponde.

ı Explicarle al paciente los procedimientos que se le realizan en el momento del traslado.

ı Colocar al paciente con la cabeza hacia la parte delantera del vehículo y que esté situada en el eje de la marcha.

■ Ruido:

ı Utilizar las sirenas de las ambulancias solo si es imprescindible.

ı El ruido impide en muchas ocasiones realizar determinadas actividades (auscultación del paciente, toma de tensión arterial o escucha de las alarmas sonoras). Es conveniente utilizar medios de diagnóstico digitalizados.

ı Los niveles de ruido de 70 dB provocan una serie signos y síntomas en el paciente (ansiedad, alteraciones de la frecuencia cardiaca, alteraciones vegetativas y cambios en la frecuencia cardiaca e hipoxia en el neonato), por lo cual es necesario implementar una serie de medidas de protección acústicas, sobre todo en el trasporte aéreo.

8. Resumen

El concepto de transporte sanitario terrestre en España está legalizado por medio del Real Decreto 1211/1990, de 28 de septiembre (Ley de ordenación de los transportes terrestres) que lo define como: "aquel que realiza el transporte o traslado de personas enfermas, accidentadas o que por cualquier otra razón requiera de un vehículo acondicionado para tal efecto".

Los elementos físicos externos que influyen en el transporte sanitario terrestre o aéreo se ven influenciados por las aceleraciones-desaceleraciones, vibraciones, variaciones acústicas y la temperatura.

Estos elementos físicos externos desarrollan diferentes respuestas fisiológicas sobre el sistema circulatorio, respiratorio y nervioso, fomentando algunas alteraciones sobre la presión arterial o la frecuencia cardiaca.

Las posiciones de traslado más comunes son: supino, prono, *fowler* o *semifowler,* ginecológica, genupectoral y abdomen agudo.

Los factores que afectan al paciente son, por tanto:

- Los efectos de las variaciones de la velocidad (aceleración/desaceleración)
- Vibraciones
- Ruidos
- Temperatura
- Altitud

Ejercicios de repaso y autoevaluación

1. **La Ley de ordenaciones del transporte terrestre fue aprobada por el Real Decreto...**

   a. ... 1211/1990, de 28 de septiembre.
   b. ... 1111/1990, de 03 de septiembre.
   c. ... 2111/1990, de 15 de septiembre.
   d. ... 1001/1990, de 22 de septiembre.

2. **Los elementos físicos externos que influyen en el transporte sanitario terrestre o aéreo se ven influenciados por:**

   a. Aceleración, desaceleración y frecuencia cardiaca.
   b. Ruido, vibraciones, aceleraciones y helicóptero.
   c. Aceleración, desaceleración, ruido y temperatura.
   d. Todas las opciones son incorrectas.

3. **La posición decúbito supino está indicada en las siguientes patologías. Señale la repuesta incorrecta.**

   a. Lesiones medulares.
   b. Politraumatizados.
   c. Lesión cervical.
   d. Insuficiencia respiratoria.

4. **Las posiciones indicadas para el traslado de pacientes según su patología son:**

   a. Decúbito supino, prono, lateral izquierdo, nunca lateral derecho.
   b. *Fowler, semifowler,* sentado y acostado.
   c. Abdomen agudo, *semifowler* y nunca sentado completamente.
   d. Decúbito supino, prono, lateral izquierdo y derecho, ginecológica.

5. En la conducción del vehículo, según la patología, se encuentran algunas indicaciones necesarias a la hora de realizar el traslado del paciente, que también incluyen a los familiares. Identifique la indicación incorrecta.

    a. Indicar al familiar del paciente que persiga la ambulancia en su coche lo más cerca posible.

    b. En algunas excepciones, solo en caso de ancianos y niños, se podrá acompañar al paciente en el traslado.

    c. Al transmitir algún tipo de información, se debe cuidar la confidencialidad y la intimidad del paciente.

    d. Se debe adaptar la conducción no solo al paciente, también se han de tener en cuenta la vía, el tipo de vía y el tráfico, entre otros factores.

6. Entre los factores que pueden condicionar cambios en el trasporte sanitario de un paciente, no destacan...

    a. ... frenazos.

    b. ... vibraciones.

    c. ... temperaturas.

    d. ... soportes médicos.

7. La desaceleración por frenazo puede ocasionar...

    a. ... aumento de la presión arterial.

    b. ... descenso de la presión arterial.

    c. ... hipotermia.

    d. ... hipotensión.

8. ¿Cuándo no debe emplearse la señal acústica en la ambulancia?

    a. Cuando hay circulación fluida sin densidad de tráfico.

    b. Cuando se adelanta en vías de más de un carril por sentido sin densidad de tráfico.

    c. Cruzando semáforos en verde.

    d. En ninguno de los casos anteriores debe emplearse señal acústica.

9. ¿Qué efecto no se produce en la vibración?

    a. Efectos psíquicos (ansiedad).
    b. Destrucción de tejidos.
    c. Apnea.
    d. Dolor torácico.

10. ¿Qué medida de confort se aplicaría en el factor de altitud?

    a. Cuadro hay aumento de presión en sistemas de neumotaponamientos, sondajes y tubos endotraqueales, es aconsejable hincharlos con aire.
    b. Vigilar la presión de las férulas neumáticas de inmovilización o manguitos.
    c. Hay un aumento del aporte del oxígeno.
    d. Todas las opciones son incorrectas.

Capítulo 4

Transferencia del paciente del lugar del suceso al área de urgencia

Contenido

1. Introducción

En el área de servicio del profesional sanitario, la comunicación se hace indispensable, no solo porque ayuda a mantener coordinado el trabajo en equipo, sino también porque, al realizar la transferencia del paciente, se deben tener en cuenta varios factores, como la situación clínica del mismo, la cual puede ser prioritaria y completa, teniendo en cuenta el entorno de la transferencia, la carga asistencial, el tiempo que se empleará en el proceso de la misma, etcétera.

Por tanto, es importante llevar a cabo la aplicación de ciertos métodos y modelos que se desarrollarán a lo largo de este capítulo, los cuales serán fundamentales a la hora de realizar una buena transferencia sin omitir detalles.

La transferencia se define como la comunicación realizada entre los profesionales sanitarios donde se transmitirá toda la información clínica sobre el paciente, tratando de no omitir detalles. Quien recibe esta información será desde ese momento el encargado de continuar con la atención, tratamiento y cuidado del paciente de manera responsable.

El técnico en transporte sanitario debe tener en cuenta el manejo y la elaboración del triaje debido a la importancia que tiene a la hora de priorizar las patologías más graves de las que no lo son. Para ello, se debe contar con un entrenamiento y una capacitación específicos.

2. Concepto y objetivo de la transferencia de pacientes

Como concepto general, la transferencia se define como la comunicación que realizan los profesionales sanitarios a la hora de entregar la información clínica de un paciente a otro profesional sanitario, con la finalidad de que este se encargue a partir de ese momento de todo lo que tenga que ver con el manejo terapéutico del mismo.

Nota

La buena comunicación es la clave en el desarrollo de todo el proceso de transferencia de pacientes.

Esta transferencia puede llevarse a cabo de dos maneras:

- Temporal: cuando hay cambio de guardia o relevo.
- Definitiva: la que se realiza cuando se cambia de nivel asistencial, de unidad o se ingresa de una atención extra hospitalaria.

La comunicación juega un papel muy importante en este proceso, por lo que debe ser de calidad durante toda la duración de la transferencia influyendo situaciones tales como:

- El estado clínico del paciente: se debe realizar una priorización de la información que se quiere transmitir, yendo de aquello que se considera más importante a lo que se considera menos importante. Por ejemplo, en un paciente politraumatizado con lesión cervical y fractura de muñeca derecha lo más importante es la lesión cervical.
- El entorno que se presente durante todo el proceso.
- El aumento de la carga asistencial.
- Valorar el tiempo que se puede emplear en realizar la transferencia.
- El nivel de formación y experiencia que pueda tener el equipo sanitario que realizará la transferencia.
- Utilizar el lenguaje normalizado.
- Tener en cuenta el sistema de comunicación que va a ser utilizado (verbal, escrito con soporte de papel, soporte informático o combinado).

En este tipo de situaciones, el paciente igualmente corre un gran riesgo, pues él también se puede encontrar con diferentes situaciones donde incluso su vida se pone en peligro, tales como:

- Algunos tratamientos terapéuticos inadecuados.
- Incremento en la espera para ingresar a los servicios del centro hospitalario, urgencias, cirugía, etcétera.
- Insatisfacción del usuario o familiares.
- Aumento en el gasto sanitario.
- Muerte.

El objetivo específico que se aplica en la transferencia de pacientes es poder utilizar un sistema estándar cuyo fin sea transmitir toda la información crítica del paciente y que asegure la continuidad y el cumplimiento de los objetivos terapéuticos, para así poder brindar una atención segura y donde el proceso asistencial no se vea interrumpido.

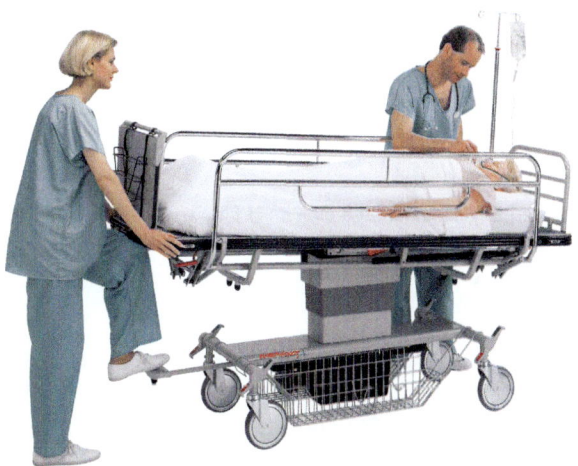

Traslado del paciente

3. Transferencia verbal y documentada

Cuando se habla de transferencia verbal, se refiere a la descripción de la situación que se está presentando en el momento del suceso, es decir, el estado del/los paciente/s, el número de heridos y si ya se ha atendido a alguno. Se han de especificar la patología, el tratamiento y el motivo del traslado.

La transferencia documentada es todo el soporte físico que se ha realizado en torno al paciente desde el primer momento de la valoración, es decir, historia clínica, hojas de enfermería, hojas de signos vitales, todos los formatos donde se han plasmado por escrito el diagnóstico, tratamiento, cuidado, etcétera, que el paciente ha recibido.

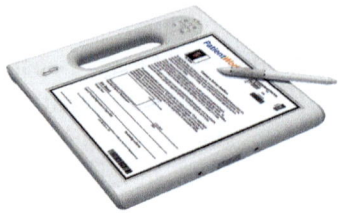

Transferencia documentada

 **Nota**

La transferencia verbal y documentada deben ser objetivas, veraces y concretas y llevar un orden de prioridad, desde lo más grave a lo más leve.

3.1. Comunicación con el centro coordinador

El centro coordinador es el encargado de resolver de forma eficaz y veraz cualquier tipo de emergencia sanitaria que se pueda presentar. Esta respuesta generalmente es realizada por personal médico avanzado.

En este centro se reciben, gestionan y procesan cada una de las llamadas telefónicas del servicio (el Real Decreto 903/1997 asigna el número 112 para dar solución a cualquier tipo de emergencia las 24 horas del día), utilizando un sistema avanzado informático que, a su vez, cuenta con una aplicación informática capaz de generar planos operativos que contienen preguntas, respuestas, prioridad sanitaria, etcétera. Este interrogatorio ya está protocolizado, lo que genera el recurso sanitario que se debe asignar a la llamada de emergencia atendida (de allí se designa si el equipo de emergencias debe ser aéreo, terrestre, marítimo, etcétera).

Cuando el equipo de emergencia es asignado, otro teleoperador indicará la ubicación exacta del lugar del suceso. Al llegar y valorar a las víctimas, será el médico quien decidirá el procedimiento a seguir. Todo esto se hará en constante comunicación con el centro coordinador, que será quien autorice o no, dependiendo del nivel de complejidad que presenten las víctimas, si hay que realizar traslado o si se pueden atender al o a los pacientes allí mismo.

Siempre hay una regulación médica de la demanda. Este procedimiento implica a los profesionales sanitarios, incluyendo los de enfermería, en la resolución de los sucesos que se presenten en los centros coordinadores.

 Sabía que...

Existen centros provinciales y estatales de coordinación, regidos por administraciones públicas o por entidades privadas.

Lenguaje radiofónico. Concepto, tipos y finalidad

El lenguaje radiofónico se emplea entre la central de coordinación y el equipo de emergencia que deba atender el suceso y debe garantizar la eficacia a la hora de comunicarse y conseguir conversaciones cortas, pero de mayor seguridad y veracidad.

 Nota

Este lenguaje tiene como características principales ser concreto, breve y uniforme.

La comunicación por radio hace que los mensajes entre el emisor y el receptor respeten las siguientes normas:

- Escuchar atentamente antes de enviar el mensaje, así se evitará interrumpir al receptor.
- Hablar fuerte, claro, lentamente, separando el micrófono unos 5 cm y evitar los silencios prolongados.
- Al terminar la frase, seguir con la palabra "cambio" para que el receptor sepa que se ha terminado de hablar. Respetar el sistema de turnos y no interrumpir.
- Los mensajes deben ser claros, concisos y breves.
- La confirmación del receptor se hará cuando este pronuncie la palabra "recibido".
- Es importante que los dos interlocutores estén ubicados en el mismo canal, ya que si no lo están ninguno podrá escucharse.
- Si hay algún tipo de ruido en el canal al iniciar el proceso de comunicación, se debe revisar lo que ocasiona la transferencia y apartarse de ella para poder enviar el mensaje claramente.
- La central de coordinación es quien posee la jerarquía en cuanto a establecimiento de comunicaciones se refiere, por ende, se deben respetar las decisiones que ellos tomen, obedecer sus indicaciones y nunca discutir en el transcurso del servicio.
- Todo el equipo de operadores debe tener el conocimiento y adiestramiento para manejar adecuadamente el lenguaje radiofónico.

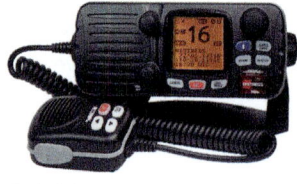

Radioteléfono

Si se desea instaurar comunicación con el centro provincial de coordinación (CPC), será necesario seguir la siguiente secuencia:

- Se debe estar atento a que la red esté libre, comprobando durante un mínimo espacio de tiempo que no exista ninguna comunicación en red. Si la hubiera, se debe esperar a que la estación directora emita el "recibido".
- Seguidamente, se pronunciará el indicativo de la estación con la que se desea comunicar.
- Luego debe pronunciar la palabra "de".
- Ahora se dirá el indicativo propio, es decir, el de la estación a la que se está llamando.
- La estación responderá diciendo "adelante", seguido del indicativo de la estación que llama, la palabra "para" y el indicativo de quien responde.

 Ejemplo

"CPC DE Alfa treinta y tres" (A33 llama al CPC).

"Adelante, Alfa treinta y tres para CPC" (CPC contesta a A33).

Cuando se habla del tratamiento en la red, sin excepción alguna, en todas las comunicaciones se debe utilizar el modo de tercera persona, es decir, se hablará de usted. Esto dará un aire más formal, disciplinado y serio en la red.

 Ejemplo

Correcto:

- "CPC, dígame donde..."
- "A5.0, debo enviar al CPC..."
- "C0.7, se refiere a..."

Continúa en página siguiente >>

<< Viene de página anterior

Incorrecto:

▎ "CPC, dime donde..."
▎ "A5.0, debo enviarte al CPC..."
▎ "C07, te refieres a..."

Cuando de transmisión de mensajes se trata, el orden en que se reciben estos mensajes no viene codificado, se contestan en el mismo orden recibido y puede haber situaciones que ameriten interrumpir un mensaje normal por uno urgente. Los tipos de prelaciones son:

- **Normal:** se refieren al tráfico corriente.
- **Preferente:** mensajes más importantes que los anteriores.
- **Urgente:** mensajes prioritarios, se interrumpen las demás comunicaciones y se atiende esta llamada (accidentes de tráfico, siniestros, etcétera).

Códigos utilizados en el lenguaje radiofónico

Estos códigos se utilizan por medio de ciertos términos simplificados cuyo objetivo es minimizar el tiempo de la comunicación, adquiriendo gran agilidad y comprensión en la red. A continuación, se describirán los más utilizados en el centro de coordinación.

Codificación de letras

Se utiliza para evitar cualquier tipo de confusión. Las letras que se codificarán en radiofonía se harán por medio de diferentes códigos, donde el que más se emplea internacionalmente recibe varios nombres: el INTERNACIONAL, INTERCO o ICAO (Organización internacional de Aviación Civil).

Estos códigos asignan a cada letra una palabra que se pronunciará al deletrear el mensaje que se quiera emitir, luego se dicen las letras del alfabeto y el código asociado y la expresión debe ser en español (se resaltará en negro la sílaba, vocal o letra que se quiera acentuar fonéticamente).

Código INTERCO					
A	Alfa	Alfa	**N**	November	NoVember
B	Bravo	Bravo	**O**	Oscar	Oscar
C	Charlie	Charli	**P**	Papa	Papa
D	Delta	Delta	**Q**	Quebec	Kebek
E	Eco	Eco	**R**	Romeo	Romeo
F	Foxtrot	Foxtrot	**S**	Sierra	Sierra
G	Golf	Golf	**T**	Tango	Tango
H	Hotel	Hotel	**U**	Uniform	Iuniform
I	India	India	**V**	Victor	Victor
J	Juliet	Iuliet	**W**	Whisky	Güiski
K	Kilo	Kilo	**X**	X-ray	Eksrai
L	Lima	Lima	**Y**	Yankee	Yanki
M	Mike	Maik	**Z**	Zulu	Zulú

 **Ejemplo**

La palabra tráfico se deletrea así: "Tango, Romeo, Alfa, Froxtrot, India, Charlie, Oscar".

Codificación de cifras

Los números se detallan divididos en sus cifras decimales, excepto cuando se presenta un caso con los números de indicativos.

Se pueden separar los números en cifras y describir estas de manera ordinal.

 Ejemplo

7305 = séptimo, tercero, negativo, quinto.

Cuando se escribe el número cero, se hará con este símbolo: "ø", para evitar confusiones con la letra O.

Número	Pronunciación
1	Primero
2	Segundo
3	Tercero
4	Cuarto
5	Quinto
6	Sexto
7	Séptimo
8	Octavo
9	Noveno
ø	Negativo

Horas

Se describen siguiendo el horario de 24 horas, en grupos de dos cifras, donde se indicarán la hora y los minutos, excepto cuando la hora sea exacta, donde se suprimen los minutos.

 Ejemplo

15:37 = quince treinta y siete; 17:00 = diecisiete.

Identificativos de los Centros de Coordinación

Al pronunciar estos indicativos, se realizará de la siguiente manera:

ı CNC (Centro Nacional de Coordinación): se pronuncia: "ce - ene - ce".
ı Para comunicarse entre centros, debe agregarse el código del área.

A continuación, se describirán las claves más importantes que hacen referencia a la situación de un recurso.

CLAVE 0	Recurso disponible para el servicio.
CLAVE 1	Recurso en urgencia, debe ser autorizado por el CPC.
CLAVE 2	Recurso de intervención (lugar del suceso).
CLAVE 3	Recurso no disponible para el servicio.
CLAVE 4	En el lugar del suceso hay víctimas mortales.
CLAVE 5	Solicitud de ayuda (orden público).
CLAVE 6	Situación conflictiva.
CLAVE 8	Paso a selectivo cerrado, requiere autorización de CPC.
CLAVE 9	Paso a selectivo abierto.

Abreviaturas

Hay algunos nombres que, al ser usados habitualmente en las comunicaciones, es mejor nombrarlos de manera abreviada. Estas características se irán modificando según la provincia donde se encuentre.

Abreviaturas de puntos de evacuación

Los puntos de evacuación contienen unas abreviaturas que sirven para ubicar el centro sanitario al que se debe dirigir el equipo de emergencia y realizar el traslado de la víctima. En España, se regulan por el código ICAO, pero cabe resaltar que algunas provincias tienen la facultad de modificarlo.

Código ICAO	
Punto A	Ambulatorio o centro de salud de atención primaria.
Punto S	Casa de socorro o centro de salud municipal.
Punto H	Hospital.
Punto R	Residencia sanitaria de la Consejería de Sanidad.
Punto Cx	Clínica privada número X.

Abreviaturas institucionales

Son específicas para las instituciones oficiales, como bomberos, Guardia civil, policía nacional, etcétera.

BA	(Bravo Alfa)	Bomberos autonomía.
BP	(Bravo Papa)	Bomberos provinciales.
BL	(Bravo Lima)	Bomberos locales.
CM	(Charlie Mike)	Comandancia de marina.
GC	(Golf Charlie)	Guardia civil.
PN	(Papa November)	Policía nacional.
PA	(Papa Alfa)	Policía autonómica.
PL	(Papa Lima)	Policía local.

Transmisión de datos y comunicaciones ofimáticas

Al hablar de la transmisión de datos, se encuentran cuatro tipos relevantes de transmisión. Teniendo en cuenta por dónde se transmiten los datos:

- **Transmisión guiada o por cableado:** este tipo de transmisión no es posible si no cuenta con un medio físico como el cable, que le ayudará a poder transmitirse (ejemplo: teléfono fijo).
- **Transmisión no guiada (inalámbrica, sin cable):** la señal se transmite por el aire a través de ondas, normalmente a través de un sistema de repetidores (ejemplo: teléfono móvil).

Transmisión inalábrica

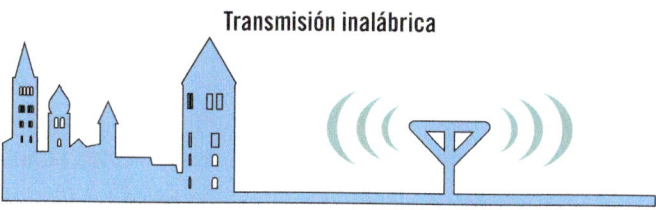

Teniendo en cuenta la manera en que se transmiten los datos, se pueden encontrar dos tipos diferentes de transmisión:

- **Transmisión análoga:** consiste en el envío de información en forma de ondas (ejemplo: televisión análoga y primeros teléfonos móviles).
- **Transmisión digital:** es el envío de información a través de medios de comunicación físicos, en forma de señales digitales (ejemplo: radio).

Cuando se habla de la información transmitida por lenguaje radiofónico, telefonía móvil y GPS, se le denomina plataforma de telecomunicaciones. Esta plataforma se realiza transmitiendo un mensaje desde un punto a otro y abarca todas las formas de comunicación a distancia.

Los instrumentos que integran el sistema de telecomunicación son transmisor y línea de transmisión del receptor, donde el transmisor es el dispositivo que transforma o codifica el mensaje en un fenómeno físico o señal.

Sabía que...

Para ofrecer un servicio cien por cien eficaz, el centro de coordinación cuenta con una red integral que incluye la transmisión de datos y las comunicaciones ofimáticas. Sin este conjunto, la atención rápida a los lugares del suceso o siniestro no sería tan eficiente.

El medio de transmisión puede modificar o degradar la señal en todo el recorrido de su trayecto, ocasionado ello por interferencias o ruidos.

Por ello, el receptor debe tener un mecanismo de decodificación capaz de recuperar el mensaje dentro de ciertos límites de degradación de la señal. Los sistemas de telecomunicación se pueden integrar entre ellos mismos, por ejemplo telefonía, informática, radio, GPS, etcétera. Estos se intercomunican para generar un manejo más rápido y sencillo de todos los dispositivos.

Cada medio de comunicación tiene sus propias características y limitaciones, por lo que la comunicación a través de cada uno de ellos ha de cumplir con una serie de normas y procedimientos.

Ejemplo

En la comunicación por radio, se deben respetar los turnos y utilizar el código INTERCO.

Las plataformas de telecomunicaciones obligan a las centrales a utilizar todas las redes oficiales o privadas que existan, diferentes a la plataforma informática. A continuación, se describirán brevemente las más utilizadas.

Emisoras de base

Es un sistema de comunicación por radio de localización fija, es decir, el centro de coordinación y el hospital. Estos sistemas son de gran potencia y su transmisión es más amplia.

Hay dos tipos de emisoras de base: el primero está integrado por el dispositivo de control (selecciona la frecuencia y ajusta el volumen) y el transmisor o receptor (aparato que transmite o recibe la señal) y la antena. Están en el mismo sitio. La distancia de transmisión la limita la potencia del radio y la altura de la antena.

La segunda es la consola remota: el dispositivo de control está en una localización, conectado por medio de una línea telefónica que va al dispositivo del receptor. La antena está en otro lugar. De esta manera, la antena se puede colocar en un sitio geográfico de mayor altitud, lo que aumenta considerablemente la dispersión de la transmisión.

 Nota

Las emisoras de base tienen la ventaja de permitir la intercomunicación entre todos los centros de llamadas, hospitales e instituciones que cuenten con alguna emisora de base.

Radio

El sistema de comunicación por radio más utilizado se llama *Radio Trunking* y cuenta con la ventaja de utilizar menos cantidad de canales y ofrecer mayor cobertura a más número de usuarios. Además, se puede comunicar con los servicios de seguridad. La desventaja es su precio en el mercado, que es bastante alto.

Radios Trunking

GPS

Es un sistema sofisticado de orientación y navegación que trabaja basado en la adquisición de información que luego es procesada por una constelación de 24 satélites llamadas NAVSTAR. Estos se encuentran esparcidos en el espacio a una distancia aproximada de 20.000 km. Quien recibe la señal puede ubicar su posición y procesar las señales emitidas por no menos de tres satélites.

Telefonía móvil

Es uno de los principales sistemas móviles de mayor generación, ya que admite imágenes, gráficos, comunicaciones de vídeo, banda ancha, datos y voz, de manera directa al usuario.

 Nota

Con este sistema, lo que más destaca es la posibilidad de la vídeo llamada.

La segunda plataforma utilizada es la informática, que debe trabajar integrada entre sí de tal manera que los datos recibidos en una unidad puedan ser maniobrados, entendidos y compartidos con las demás, permitiendo que el manejo de las herramientas de trabajo sea más sencillo.

Esta plataforma dispone de un sistema informático propio, donde las aplicaciones informáticas son de diseño y desarrollo propio, ajustándose a sus necesidades. Este tipo de plataformas se pueden ver en algunas provincias. Hay centros coordinadores que pueden trabajar con aplicaciones estándar que pueden ser públicas o privadas.

3.2. Documentación asistencial y no asistencial

El transportista sanitario debe llevar consigo siempre y en todo momento que esté de guardia, documentos obligatorios que están divididos en dos tipos, el asistencial y el no asistencial. A continuación se enunciarán los documentos que son de porte obligatorio para todo el equipo profesional sanitario.

Documentación asistencial

La documentación asistencial es todo documento o formato que debe llevar el médico, la enfermera y el transportista sanitario. Es obligatorio en estos formatos escribir el estado del paciente al brindar la atención por primera vez, durante el traslado y en la última valoración, así como el soporte físico del estado de la víctima. Dentro de los documentos más utilizados están los que se describen a continuación.

Historia clínica o historia de traslado urgente

Cuando el paciente ya ha sido valorado y el médico ha indicado el traslado, se debe realizar un informe escrito o verbal (dependiendo de la situación del paciente) solicitando al centro asistencial más cercano la atención especializada que el paciente requiera. Para ello, es necesario suministrar la siguiente información:

- Datos de filiación del usuario.
- Diagnóstico actual y situación que amerita el traslado.
- Medidas terapéuticas aplicadas.
- Evolución y monitorización de constantes vitales.
- Formatos de enfermería.

Hoja de evacuación

La hoja de evacuación consta de tres hojas o formatos: el primero constituye la historia de traslado urgente, formada por: historia clínica del paciente donde se indica el diagnóstico del traslado y tratamiento a seguir.

La segunda es la hoja de ruta, responsabilidad del conductor. La hoja de ruta se debe rellenar como la de cualquier otro servicio de transporte.

Y por último, el consentimiento informado, que está constituido por los datos de filiación, DNI, hora, información al paciente y sus familiares sobre su patología, sus circunstancias y riesgos. Debe ser firmada por el médico, el paciente o familiar y uno o dos testigos (enfermera o conductor).

La enfermera diligenciará sus hojas correspondientes a la monitorización de signos vitales, control de líquidos administrados y eliminados, hoja neurológica (escala de Glasgow), notas de enfermería, hoja de registro de medicamentos, etcétera. Todos estos formatos deben ir adjuntos a la historia clínica, nunca se entregarán por separado.

Documentación no asistencial

Esta documentación, aunque forma parte del equipo sanitario, no se adjunta a las historias clínicas, es decir, es para uso exclusivo del transportista sanitario (TS). Estos documentos hacen parte del orden e inventario que lleva el TS y deben diligenciarse por él mismo. Son:

- Hoja de registro de las revisiones del material sanitario.
- Hojas de registro de desinfección de la ambulancia y el equipo.
- Registro de solicitudes y prestaciones de servicio.
- Hoja de retirada de residuos clínicos.

La documentación que debe encontrarse en la guantera del vehículo es:

- Permiso de circulación expedido por la Dirección General de Tráfico o administración competente.

- Certificado de homologación expedido por el fabricante del vehículo y por el Ministerio de Industria o administración competente.
- Seguro obligatorio, anexando el recibo del último pago y que esté al día.
- Certificado de garantía.
- Manual de uso y entrenamiento.
- Mapa de la carretera provincial en la que desarrolla su trabajo.
- Señalización de mercancías peligrosas.

4. Datos de filiación y de la actuación sanitaria en la transferencia del paciente

En este apartado se encontrarán una a una las secuencias más importantes que se deben tener en cuenta a la hora de realizar la transferencia del paciente, como son los datos de filiación, el resultado de la valoración inicial, continuada y por último la entrega de estos informes.

4.1. Datos de filiación

Los datos de filiación no son más que el nombre y apellidos completos del paciente, junto con la edad. Se debe tener en cuenta que si el paciente está inconsciente y se encuentra con un familiar, este será quien indique los datos de la víctima, al igual que si se trata de un menor de edad, donde sus padres o adultos responsables serán quienes suministren los datos.

Datos de filiación

Consejo

Hay que tener en cuenta en la comunicación con los familiares que esta sea de manera sutil y educada, ya que no hay que olvidar que en el momento del suceso los familiares del paciente son quienes más preocupados y estresados se encuentran por la salud de la víctima.

4.2. Resultado de la valoración inicial

La decisión de si se lleva a cabo el traslado o no la realiza el médico. Una vez el profesional termine con la valoración, debe indicar al centro de coordinación el informe asistencial, para que sean ellos quienes organicen la búsqueda del centro hospitalario al que se debe dirigir el equipo sanitario junto con el paciente. Para que esto suceda, se debe realizar lo siguiente:

- Datos de filiación del paciente.
- Valoración inicial del paciente, diagnóstico y motivo de traslado.
- Estabilización de la víctima.
- Consentimiento informado diligenciado y firmado por el paciente o sus familiares.
- Contacto previo o simultáneo con el centro de coordinación.
- Informe clínico y de propuesta de traslado.

Siempre y sin excepción, un miembro del equipo sanitario debe quedarse junto al paciente en todo momento, teniendo en cuenta que al transmitir la información no divulgue su intimidad, ni la confidencialidad de su historia clínica a personas ajenas.

Consejo

Se deben evitar toda clase de comentarios que puedan ofender o afectar al paciente.

Información a los familiares del paciente

Lo antes posible, se debe informar a la familia del paciente o a sus acompañantes sobre:

- La importancia del consentimiento informado y las posibles intervenciones que se pueden realizar al paciente.
- Las ventajas de trasladar al paciente en la ambulancia.
- El diagnóstico del paciente, el tratamiento y los cuidados que recibirá.
- El tiempo aproximado que tardará en llegar la ambulancia al centro hospitalario.

Por último, hay que recordar que durante el traslado también pueden ocurrir incidentes. Por ello, se hace casi obligatorio reforzar las medidas de seguridad del paciente y las del profesional sanitario que lo acompañe.

 Recuerde

La familia estará angustiada por el estado de salud del paciente, por ello es importante informarla sobre la situación de su familiar.

4.3. Resultado de la valoración continuada del paciente durante el traslado

En el periodo en que se está realizando el traslado del paciente en el vehículo sanitario, se debe garantizar su estabilidad. Hay que estar atento a posibles complicaciones. A menos que sea necesario, no se deben realizar maniobras diagnósticas, continuando con el mismo tratamiento terapéutico y sin olvidar diligenciar el formato asistencial junto con los formatos de la historia clínica.

Hay que estar pendiente de:

- Monitorizar y estar atento a alteraciones cardíacas.
- Toma de tensión arterial.
- Pulsioximetría, revisión de la saturación de oxígeno.
- Diuresis, administración y eliminación de líquidos y características de la orina (sangre, color, olor).
- Líquidos administrados.
- Balas de oxígeno.

4.4. Informe de asistencia inicial, de contingencias y de traslado

Al llegar al centro hospitalario donde se ha concertado previamente trasladar a la víctima, se debe realizar un informe verbal y se ha de entregar un informe escrito, el cual se adjuntará con la historia clínica completa, consentimiento informado, formatos diligenciados por enfermería y un formato de traslado que se debe diligenciar.

 Nota

Este formato varía dependiendo de cada entidad encargada de los profesionales sanitarios que atiendan el suceso.

Para realizar el informe asistencial verbal de la transferencia del paciente, la Comisión Mixta para la Acreditación de Organizaciones Sanitarias de Estados Unidos (JCAHO), en el año 2008, introduce un objetivo específico donde recomienda utilizar un sistema estándar cuyo fin sea transmitir toda la información crítica del paciente y se asegure adecuadamente la continuidad y el cumplimiento de los objetivos terapéuticos para brindar una atención segura y donde el proceso asistencial no se vea interrumpido.

Por ello, se crea un modelo de comunicación que pretende disminuir o eliminar los elementos que puedan dificultar la comunicación. Esta técnica se llama SBAR.

El equipo del Hospital Royal Perth de Australia modifica esta técnica y propone utilizar una nueva variante que es mucho más completa, el modelo llamado ISOBAR, que al parecer ha respondido a todas las expectativas en el ambiente de la transferencia del paciente.

MODELO ISOBAR	
I-Identificación del paciente	- Identificar a los profesionales responsables de la asistencia a los que se transfiere el paciente. - Identificar al paciente, nombre, sexo y edad.
S-Situación	- Motivo de la asistencia sanitaria, cambios en el estado del paciente, posibles complicaciones y aspectos a vigilar.
O-Observación	- Signos vitales recientes, pruebas realizadas, evaluación del paciente.
B-*Background*	- Antecedentes clínicos relevantes. Riesgos y alergias.
A-Acordar un plan	- Dada la situación, ¿qué hacer para normalizarla? ¿Qué se ha hecho ya (tratamiento, medidas terapéuticas, cuidados, etcétera)? ¿Qué queda pendiente (medidas terapéuticas, medicación, perfusiones, comprobaciones)?
R-*Read-back*	- Confirmar la eficacia de la transferencia y establecer responsabilidades (¿quién hace qué y cuándo?) - Releer

Al utilizar el modelo ISOBAR, se han notado mejorías en la transferencia de los pacientes, evidenciándose:

- La disminución de informes incompletos.
- Aumento del *readback* de la información y el tiempo que se emplea.
- Son pocos los errores encontrados por un déficit en la comunicación.
- La calidad de la información ha mejorado más de lo esperado.

5. Tipos de informes de asistencia de transporte sanitario

Los informes asistenciales prehospitalarios son documentos legales que pueden defender a los profesionales sanitarios ante cualquier tipo de demandas judiciales. La persona que diligencia el formulario es quien, en dicho caso, declarará ante el tribunal.

Los documentos aportados deben estar escritos de forma objetiva y valorados por profesionales asistenciales. La información subjetiva (la que expresa el paciente al profesional sanitario) debe ser apuntada en el documento, especificando que es subjetiva. La información objetiva (los hallazgos encontrados por el profesional sanitario al realizar la valoración inicial del paciente) también debe ser plasmada en el documento, especificando que es objetiva.

Los informes asistenciales prehospitalarios tienen un formato tradicional, en medio físico o electrónico, dividido en dos partes: una administrativa, que contiene la información de gestión operativa (centro de coordinación, ambulancias y equipo sanitario) y no contiene información del usuario (antecedentes personales, familiares, DNI, nombre completo, etcétera). La segunda parte corresponde al paciente, su evolución, el manejo terapéutico, los cuidados, etcétera, que van divididos por ítems, cada uno de los cuales tiene su casilla de verificación, espacios en blanco para apuntar la información más relevante o los cambios. Además, cuenta con un espacio para el transportista sanitario, donde debe escribir su relato sobre el paciente.

 Nota

La información que se desea plasmar debe llevar una secuencia horaria que permita ver la evolución del paciente y llevar el control de los medicamentos, líquidos administrados y eliminados, hoja neurológica, etcétera.

La continuidad asistencial es de suma importancia, por lo que el profesional sanitario que entrega el informe debe ser conciso, objetivo y dar prioridad a lo más relevante de la historia clínica del paciente, como su diagnóstico, manejo terapéutico, exámenes de laboratorios, etcétera.

Por último, el informe asistencial hace que la tarea de facturación y la información estadística sea más fácil y, si el formato está diligenciado correctamente, reconoce y facilita las necesidades del sistema y contribuye a su mejora.

 Aplicación práctica

Usted y su equipo sanitario reciben una llamada del centro provincial de coordinación, indicándoles que deben acercarse a la calle Príncipe Felipe, donde ha ocurrido un atropellamiento a un menor de edad. Al llegar al lugar del accidente, se observa a un adolescente de 16 años, acompañado por su madre. El médico, al realizar la valoración, observa una posible lesión cervical, con fractura de tibia y peroné, por lo que de inmediato se pone en contacto con el centro de coordinación para que puedan ubicar el centro hospitalario más cercano.

Según su conocimiento, describa cuáles son los documentos que se deben diligenciar, tanto asistenciales como no asistenciales.

SOLUCIÓN

Documentos asistenciales son:

- Historia clínica, que consta de los datos de filiación del usuario.
- Diagnóstico actual y situación que amerita el traslado.
- Medidas terapéuticas aplicadas.
- Evolución y monitorización de constantes vitales.
- Formatos de enfermería.

La hoja de evacuación está compuesta por:

- Historia de traslado urgente.
- Hoja de ruta.
- Consentimiento informado, que en este caso se debe firmar y autorizar por la madre, ya que el paciente es menor de edad.

6. Transferencia del paciente al área de urgencia. Triaje hospitalario. Criterios de clasificación

En algunas situaciones, hay que priorizar sobre qué pacientes se deben evacuar primero. Hay muchas formas de hacerlo, se deben elegir criterios no basados en una evidencia científica, como puede ser la edad, el sexo, el aspecto externo, o buscar métodos utilizando modelos autonómicos o fisiológicos, que tienen una correlación en cuanto a la predicción de supervivencia.

En catástrofes, el triaje no siempre se dirige a pacientes críticos o heridos, sino a aquellas personas que tienen más posibilidades de sobrevivir. El personal que va a realizar el triaje tiene que tener preparación, no solo en lo que se refiere al conocimiento de los diferentes sistemas utilizados, sino también a una adecuada preparación psicológica, para ser capaces de sobrellevar situaciones difíciles.

Definición

Triaje
Del francés *triage* (clasificación), es un método de la medicina de emergencias para la selección de las víctimas, basándose en criterios de supervivencia y teniendo en cuenta los medios disponibles.

6.1. Triaje

El triaje es por tanto el proceso de clasificación de los pacientes por un equipo sanitario de atención prehospitalaria, en el cual el personal sanitario deberá realizar una valoración exhaustiva dependiendo del grado de severidad en que se encuentren los pacientes, de forma que se establezcan los tiempos de espera razonables para ser atendidos y tratados por el equipo sanitario y el mejor medio de transporte sanitario al centro sanitario útil más adecuado.

Tarjeta de triaje

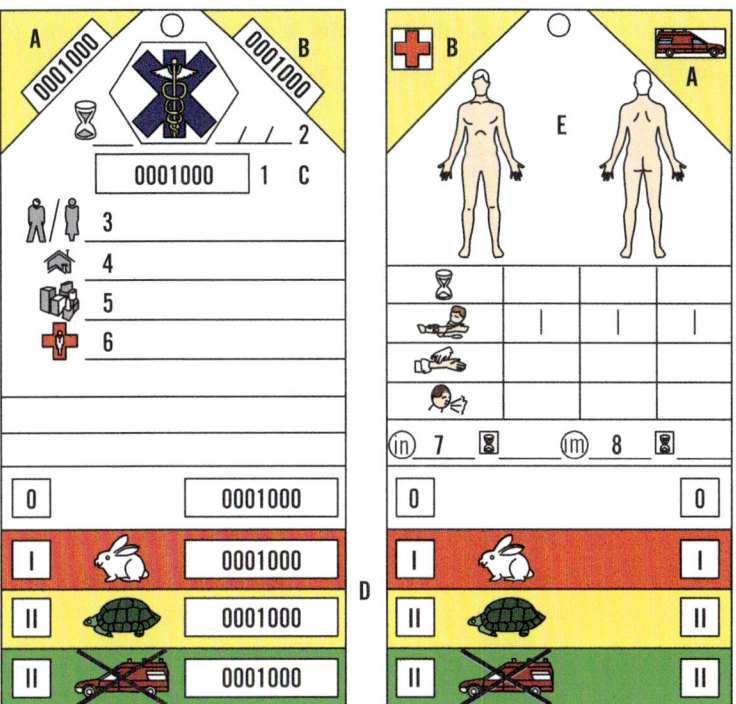

Los objetivos que se muestran en el cuadro siguiente pueden ayudar a tener una visión más centrada en cuanto al manejo y aplicación del triaje.

Objetivos del triaje básico	
Generales	**Específicos**
Separar del resto de víctimas a las que necesitan tratamiento inmediato.	Iniciar un proceso de clasificación que continuará con el triaje avanzado.
Clasificar a las víctimas en colores que determinen la prioridad de asistencia.	Acortar los tiempos de respuesta al involucrar a más participantes en el proceso asistencial y facilitar una metodología de triaje al personal no sanitario.
Optimizar la eficacia y eficiencia del personal que actúa.	Dirigir a las víctimas que precisan tratamiento a las aéreas habilitadas para tal fin.
Aplicar maniobras salvadoras a las víctimas en situaciones potencialmente mortales.	Regular el flujo de víctimas que accedan al PMA.

Para poder realizar una correcta asistencia en el triaje, habrá que seguir una serie de requisitos punto por punto, para que la valoración sea lo más correcta posible. El triaje debe ser:

- Personalizado: son todas aquellas personas que deben ser evaluadas de forma individual, aparte de las víctimas que pueden caminar por sus propios medios, a las cuales se les realizará la valoración personalizada.
- Completo: se deberá desvestir a la víctima si es necesario (solo en trauma abdominal), para realizar una correcta y objetiva valoración de las lesiones.
- Simple y sencillo.
- Preciso y seguro.
- Flexible: categorizando a las víctimas, dependiendo de múltiples factores.
- En evacuaciones in situ, habrá que priorizar a las víctimas según su estado de gravedad y su posibilidad de supervivencia.
- Dinámico: debe ser eficiente, regular e ininterrumpido.
- A las víctimas clasificadas y estabilizadas hay que evacuarlas lo antes posible.
- El objetivo del triaje es evitar evacuaciones indiscriminadas.
- Los elementos etiquetados (relojes, pulseras, etcétera) deben ir sujetos al cuello, brazo o tobillo, nunca a la ropa o calzado.
  En la zona caliente, la clasificación se hará con un método rápido, como pueden ser las pulseras de colores o cintas, asignándole un número a cada víctima, que anotará el administrativo en su registro de asistencias.
- Todo el personal de intervención debe tener unas tareas asignadas, claras y concretas.
- Se deben llevar registros de forma adecuada de todas las víctimas: número de orden, nombre, edad, sexo, diagnóstico, prioridad, procedencia y destino.
- En la clasificación, hay que seguir un método válido, el cual se deberá cumplir inflexiblemente.
  Por ejemplo, si el grupo de bomberos emplea el método *short,* el de protección civil el *careflight* y el de sanitarios el *start,* todos ellos estarán cumpliendo el mismo objetivo: dividir a las víctimas en prioridades, asignándoles un código de color, aunque el camino para hacerlo no sea el mismo para todos. Eso sí, las categorías finales han de ser las mismas y los códigos igualmente deben ser todos iguales.

- El personal debe conocer la valoración y prioridad asignada. La tarjeta indicará de forma muy visual, mediante colores, la prioridad del herido. Es su carné de identidad, su historia clínica.
- La tarjeta incluirá, como mínimo: identidad del paciente, sexo, dirección, lesiones, tratamientos, horarios, si es portador de torniquetes y la hora de su aplicación y el número de orden de la ficha.

Consejo

Para el triaje básico, se recomienda usar cintas o pulseras de colores. Si no se dispone de ningún material para diferenciar a las víctimas por categorías, se puede clasificar a los heridos según la zona.

Modelo de registro de víctimas en imagen de manejo de víctimas (IMV)

Hora entrada	Color de entrada (R,A,V)	Nº tarjeta triaje	Nombre y apellidos	Sexo (H/M)	Edad	Lesión	Gravedad AD	Color de salida	Hospital de destino	Hora de salida	Unidad de traslado

Métodos de triaje básico

A la hora de realizar el triaje, se debe tener en cuenta la información objetiva y subjetiva que aporta el paciente a la valoración inicial que se realiza. A continuación, se describirán los métodos de triaje más importantes.

Método de triaje Sieve

Creado en 1995, asigna prioridades valorando la capacidad de andar, permeabilidad de la vía aérea, frecuencia respiratoria y cardiaca. Tiene una valoración muy distinta al método *start* (explicado más adelante).

Nota

Este método se ha adoptado en el Reino Unido y en parte de Australia.

Para complementar la explicación del método, se entiende por prioridad 1 (inmediata) la que requiere atención médica de emergencia, la prioridad 2 (urgente) requiere atención médica urgente por alteración de la frecuencia respiratoria y cardiaca, y la prioridad 3 (diferible) no requiere atención inmediata o urgente.

Diagrama del método Sieve

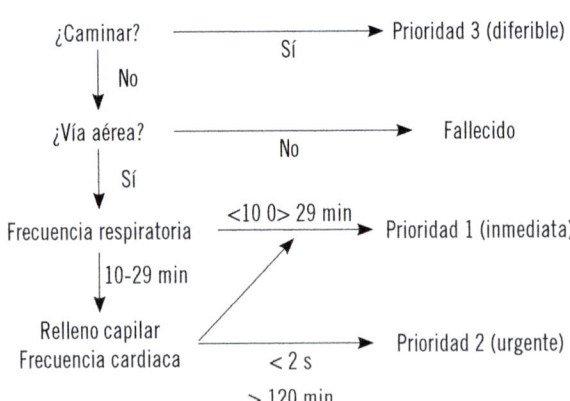

Método de triaje careflight

Creado para enviar mensajes a los centros de coordinación de urgencias y emergencias de Australia y estandarizar la atención a múltiples víctimas en aquel país. Se basa solo en apreciaciones cualitativas y no requiere contabilizar signos vitales. Valora la capacidad de obedecer órdenes, la presencia de respiración y la posibilidad de poder palpar el pulso radial.

 Sabía que...

El método *careflight* se usó en los atentados de Bali de 2002.

Los autores afirman que se puede hacer en 15 segundos y es apropiado tanto para adultos como para niños.

En la prioridad 1 (inmediata), se debe realizar una atención médica de emergencia; en la prioridad 2 (urgente) la atención medica, aunque es urgente, puede esperar un poco de tiempo más, la prioridad 3 (diferible) requiere atención médica.

Diagrama del método *careflight*

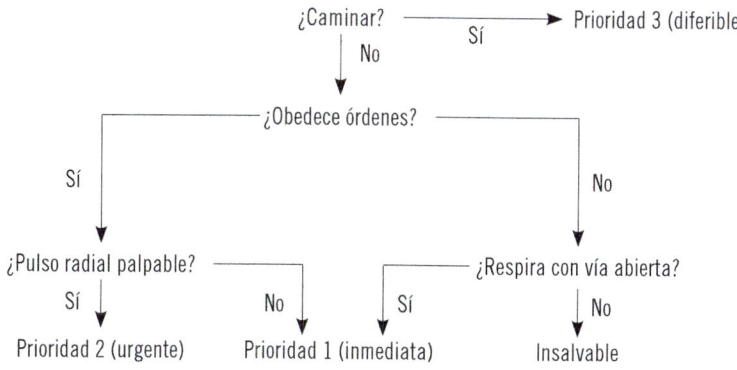

Metodo start

Es un método muy sencillo y rápido de aplicar (<1 minuto), en el cual se deben incorporar dos tratamientos básicos (control de la vía aérea en las víctimas con pérdida de conocimiento y control de hemorragia).

Este método contiene una serie de pasos: en el paso 1 se evalúa la deambulación en color verde si es positiva y si no se continua con el paso 2, que valora la ventilación; si no existe ventilación, el color es negro y, si existe, es rojo y se continua con el paso 3, que valora el relleno capilar, el color rojo se utiliza para valorar el control hemorrágico; el último paso es el 4, que valora el estado mental, el color rojo se establece cuando la víctima no sigue órdenes sencillas y el amarillo cuando sí las sigue.

Diagrama del método *careflight*

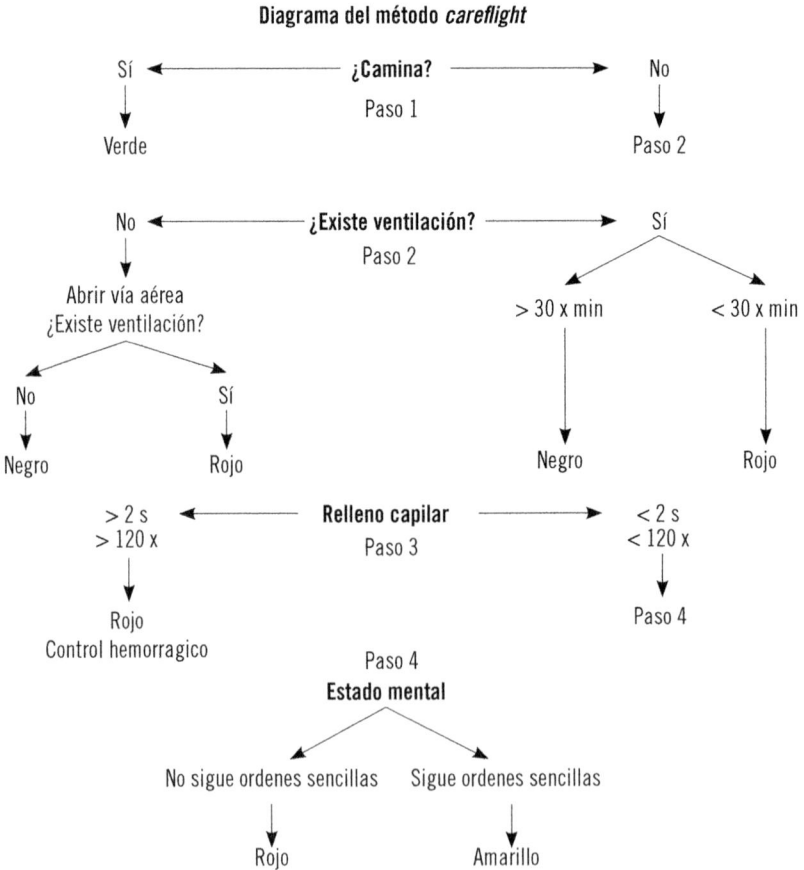

6.2. Criterios de clasificación

Es la parte principal del proceso, ya que en este paso se determinará la prioridad de atención al paciente para así poder acelerar la asistencia facultativa.

Importante

El triaje se hará siempre en base a signos y síntomas manifestados por el paciente y no en base a diagnósticos médicos o sospechas médicas diagnósticas.

Nivel I (rojo)

Se lleva a cabo en situaciones de emergencia o riesgo vital inminente, en pacientes que no superan la valoración ABC (vía aérea, ventilación y circulación) y en aquellos que presentan procesos agudos, críticos o inestables con impresión general de extrema gravedad y cuya atención debe ser inmediata, ya que pueden presentar cianosis (color azulado de los tejidos , debido a la falta de oxígeno) central y periférica, palidez grisácea, respiración ausente, lenta o superficial. Pueden aparecer sin pulso periférico o muy débil, presentar bradicardia y tensión arterial imperceptible e, incluso, pueden estar inconscientes y poco o nada reactivos, por lo que su atención debe ser inmediata.

Dentro de este nivel se encuentran:

- Proteína C reactiva (PCR). Es una proteína sintetizada en el hígado en respuesta a procesos infecciosos o inflamatorios.
- Pre-(PCR) proteína C reactiva.
- Politraumatizado grave.

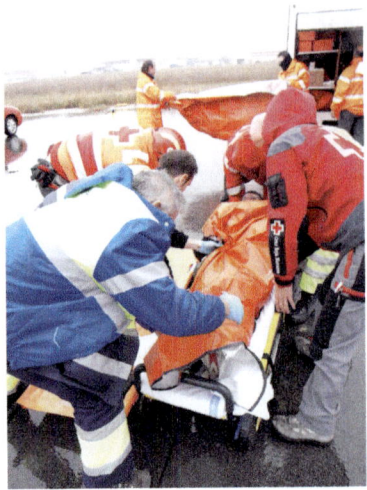

Triaje tipo I

Nivel II (amarillo)

Se lleva a cabo con pacientes agudos o críticos, pacientes que superan la valoración ABC (circulación, vía aérea y ventilación), pero cuya situación es de potencial deterioro. Este tipo de pacientes suelen pasar a *box* de reanimación o consulta adecuada (trauma en caso de accidente, general para EKG en caso de dolor torácico, etcétera). Dentro de este grupo, se encuentran cuadros que pueden conducir a deterioro rápido respiratorio, neurológico y/o hemodinámico.

 ## Importante

Es fundamental que este tipo de pacientes sean atendidos en un período de tiempo inferior a 10 min.

Los signos y síntomas que se pueden encontrar en los pacientes de este nivel, sin importar el orden de aparición, son:

1. Cianosis (coloración azulada en labios, piel, y uñas) y petequias (pequeños derrames vasculares cutáneos de color rojo).
2. Respiración:

   ▪ Disnea: dificultad para respirar.
   ▪ Taquipnea: aumento de la frecuencia respiratoria.
   ▪ Tiraje costal: movimiento de los músculos hacia adentro entre las costillas.

3. Circulación:

   ▪ Taquicardia: aumento de la frecuencia cardiaca.
   ▪ Bradicardia: disminución de la frecuencia cardiaca.

4. Neurológico: confusión, estupor, trastorno de la conciencia.
5. Obnubilación: persona que responde correctamente a las órdenes complejas (ejecuta órdenes escritas, realiza cálculo mental), pero con lentitud, fatiga o bastante dificultad de concentración.
6. Agitación, ansiedad.
7. Coma, estatus convulsivo, hemorragia digestiva alta inestable.
8. Isquemia de miembros.
9. Síncope con alteración de constantes.
10. Hemoptisis aguda o con estado crítico.
11. Dolor torácico o con características isquémicas.
12. Estados de agitación.
13. Diabetes descompensada.
14. Traumatismos graves.
15. Quemados más signos de gravedad.
16. Politraumatismos.

 **Definición**

Hemoptisis
Expectoración con sangre.

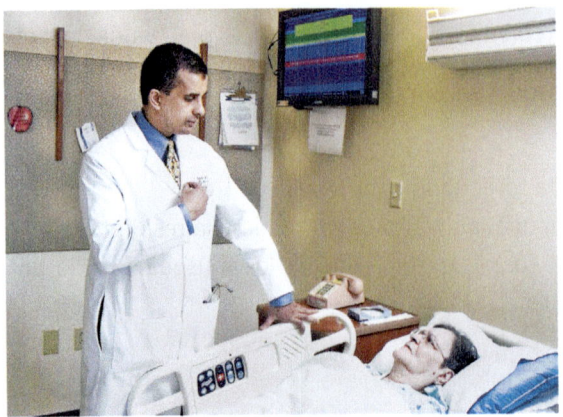

Triaje tipo II

Nivel III (verde)

Se lleva a cabo con pacientes agudos no críticos. Se clasifica en este grupo a aquellos pacientes que presentan procesos agudos estables, no críticos.

 Nota

Suponen una parte importante del grueso de pacientes que acuden al servicio. No deberían esperar más de 30 min.

Entre las patologías que se pueden encuadrar en este apartado, están:

1. Cefalea brusca (dolor de cabeza).
2. Paresia: pérdida de la movilidad de una parte del cuerpo.
3. Alteraciones del habla.
4. Ingesta medicamentosa.
5. Hipertensión arterial.

6. Vértigo, sincope (mareo) con afectación vegetativa.
7. Heridas sin signos de gravedad.
8. Dolor torácico.
9. Urgencias psiquiátricas (intento de suicidio), psicosis agresivas.
10. Dolor abdominal.
11. Quemaduras agudas.

Triaje tipo III

Nivel IV (blanco)

Son aquellos usuarios que presentan procesos de poca importancia y pueden requerir asistencia médica, pero no urgente.

 Nota

En interés de una buena calidad asistencial, estos pacientes deberían ser atendidos antes de 2 h.

Entre los procesos que se pueden encontrar en este grupo, están:

1. Otalgias: dolor de oído.
2. Odontalgias: dolor de un diente.
3. Dolores inespecíficos leves.
4. Traumatismos y esguinces leves.
5. Procesos gripales.
6. Miembros dolorosos sin signos de isquemia.
7. Enfermos con patología no aguda, remitidos o no.
8. Dolores osteo-musculares sin signos de fracturas.

Hay que mantener una clasificación continua, donde poder ir cambiando los criterios de evacuación asignados según la evolución de los pacientes. Ante una situación difícil y comprometida, en el momento de clasificar, el profesional sanitario siempre debe elegir el nivel de gravedad mayor, consultando si es preciso con un facultativo.

Recuerde

Si se realiza una excelente clasificación de las víctimas, se logrará que aumente el grado de supervivencia.

Cuando se aplican los niveles de prioridad, hay que diferenciar entre prioridad clínica o relativa, debido a situaciones especiales: ancianos desorientados, pacientes agresivos, agresiones sexuales, etcétera. También se tendrán en cuenta factores externos, como la hora del día, la presión asistencial, etcétera.

En definitiva, no hay que guiarse solo por la clasificación, ya que las mismas patologías pueden presentar diferentes niveles de gravedad según afecten al paciente.

Ejemplo

Un niño con fiebre de 39,5 °C debe priorizarse más que un adulto con la misma temperatura; una hemorragia moderada debe ser tratada antes en una persona que padece una anemia crónica, etcétera.

Durante el proceso de clasificación, se deberá ir informando al paciente o familiares sobre el estado de salud y el tiempo de espera e ir aclarando las dudas que tengan, para evitar así problemas posteriores.

Una vez realizada la clasificación, el profesional sanitario deberá marcar el nivel de gravedad en la hoja de urgencia.

Tras la clasificación del paciente, el profesional sanitario de triaje debe estar capacitado y preparado para decidir en ese momento cuál será el área del servicio de urgencias donde mejor atención se le prestará.

Por lo tanto, este profesional deberá saber en todo momento la situación asistencial del servicio y qué áreas están más saturadas, la presión asistencial, la cantidad y calidad de recursos humanos disponibles y ocupados. En base a estas circunstancias, tomará sus decisiones. Aunque esto debe estar también protocolizado y suele establecerse según el nivel de clasificación que se haya adjudicado en el triaje, no debe dejarse en ningún modo cerrado.

Recuerde

El triaje es un proceso abierto y las circunstancias, tanto del usuario como del servicio, son cambiantes.

6.3. Distribución según niveles de gravedad

La distribución según los niveles de gravedad indica la manera de actuar y cuáles serían las medidas y el personal que debería asistir en la estabilización de un paciente.

Los niveles de gravedad son los siguientes:

- **Paciente rojo o crítico:** se referirá al *box* de críticos o reanimación. Habrá de alertar al resto del personal y se tomarán las medidas necesarias para estabilizar al paciente. El personal que lo atenderá será: 1 médico, 2 enfermeras y 1 auxiliar de trasporte sanitario.
- **Paciente amarillo o agudo inestable:** se derivará, según su gravedad o disponibilidad del servicio, al *box* de críticos o a un *box* general. El personal mínimo para atender a estos pacientes es: 1 médico, 1 enfermera y 1 auxiliar de enfermería.
- **Paciente verde o agudo estable:** será atendido en un *box* general o consulta rápida, dependiendo el estado de salud en que se encuentre, y, si necesitase procedimiento o tratamiento alguno, se le pasará siempre a un *box* del interior donde será valorado por la enfermera.
- **Paciente blanco o de patología banal:** será atendido en la consulta rápida por el médico encargado de la misma con la ayuda de la enfermera de triaje, cuando sea preciso.

 Aplicación práctica

Forma parte del personal sanitario y le llaman para asistir a las víctimas de un derrumbamiento. Las víctimas tienen diversas lesiones. Al llegar, se das cuenta de que los demás heridos ya han sido trasladados a otros hospitales, por lo cual tendrá que asistir a los siguientes pacientes:

I. **Víctima nº 1: María, mujer de 33 años embarazada de 5 meses y medio, que se queja de dolor abdominal, presentando escaso sangrado vaginal, sus constantes son TA de 130/70, FC: 100 LTM, FR: 20 RPM.**

Continúa en página siguiente >>

<< Viene de página anterior

II. **Víctima nº 2:** Pedro, varón de 37 años que fue rescatado de una estructura que le aprisionaba los MMII y la pelvis. Se queja de dolor en ambas extremidades inferiores, en las que se aprecia deformidad evidente, incluso en una de ellas se ve fragmento óseo y no tiene pulso distal. Sus constantes son TA 90/50 FC: 130 LPM, FR: 35 RPM.

III. **Víctima nº 3:** Andrés, varón de 27 años con (TCE) trauma craneoencefálico y scalp (herida de trayecto tangencial que presenta colgajo cutáneo, con un patrón vascular variable), múltiples heridas en tórax y abdomen y fractura de cerrada de MSD. Sus constantes son TA: 140/80, FC: 120 LPM, FR: 30 RPM.

IV. **Víctima nº 4:** Miguel, varón de 70 años con herida penetrante en hemotórax izquierdo, apreciándose salida de sangre y burbujas. Sus constantes son TA 110/60, FC 120 y FR 40.

V. **Víctima nº 5:** Mara, mujer de 39 años con erosiones y contusiones múltiples en tórax y abdomen, quejándose de dolor abdominal y refiriendo sensibilidad difusa a la palpación abdominal. Sus constantes son TA 120/70, FC 115 y FR 32.

Identifique las lesiones que presenta cada uno de los pacientes y elabore el triaje de los mismos.

SOLUCIÓN

Los diferentes tipos de lesiones que presenta cada una de las víctimas son:

I. **Víctima nº 1:** se presenta hemodinámica y respiratoriamente estable, a su vez, presenta sangrado vaginal, que hace sospechar de un desprendimiento prematuro de placenta que no compromete su estado hemodinámico. Un posible diagnóstico diferencial sería amenaza de parto pretérmino.

II. **Víctima nº 2:** presenta un cuadro de taquipnea y taquicardia con hipotensión, pero sin afectación del nivel de conciencia, porque se queja y localiza las lesiones. Pero se supone la presencia de *shock* hipovolémico (pérdida severa de sangre y líquido, lo cual hace que el corazón sea incapaz de bombear suficiente sangre al cuerpo. Este tipo de *shock* puede hacer que muchos órganos dejen de funcionar). Presenta fracturas no determinadas en MMII, en uno de ellos es abierta y con afectación vascular evidente.

III. **Víctima nº 3:** paciente inconsciente con trauma craneoencefálico y scalp con hemorragia abundante que todavía no afecta hemodinámicamente, ya que conserva tensión arterial con taquicardia no severa. Contusiones torácicas y abdominales y fractura de miembro superior derecho.

IV. **Víctima nº 4:** varón de 70 años con herida penetrante en hemotórax izquierdo, apreciándose salida de sangre y burbujas. Sus constantes son: TA 110/60, FC 120 y FR 40.

V. **Víctima nº 5:** mujer de 39 años con erosiones y contusiones múltiples en tórax y abdomen, quejándose de dolor abdominal y refiriendo sensibilidad difusa a la palpación abdominal. Sus constantes son: TA 120/70, FC 115 y FR 32.

Continúa en página siguiente >>

<< Viene de página anterior

El triaje se clasificará dependiendo de la gravedad de los pacientes enunciados anteriormente:

- **ROJO:** Andrés y Miguel. Estos requieren la atención inmediata para solucionar la permeabilidad de la vía aérea y su función respiratoria, respectivamente.
- **AMARILLO:** Pedro y Mara. Requieren atención, pero pueden esperar un poco, a menos que Mara empeorará su estado hemodinámico y en general, confirmando que padece un *shock* hipovolémico. Pedro necesita alineación de los miembros fracturados para salvar el compromiso vascular que está presentando.
- **VERDE:** María. No requiere atención inmediata mientras siga teniendo un sangrado vaginal no excesivo.

7. Funciones del profesional

Todo profesional sanitario deberá cumplir estrictamente las normas o funciones asistenciales para poder garantizar al paciente una correcta valoración, observando los siguientes pasos:

- Organización del triaje: entre las funciones del personal sanitario, se encuentra la organización del triaje de víctimas cuando el número de estas es elevado.
- Estabilización de pacientes: la función prioritaria del personal sanitario es estabilizar a las víctimas, atendiendo en primer lugar sus constantes vitales y evitando el agravamiento de posibles lesiones.
- Traslado de pacientes: el personal sanitario distribuirá a los diversos centros hospitalarios, según prioridades, y determinará cuál de las víctimas necesita asistencia básica, avanzada o no necesita ningún medio de traslado, según el estado en que se encuentren.
- Prestar atención social y emocional. El profesional técnico sanitario estará apoyado siempre por personal especializado en el manejo de este tipo de situaciones de estrés.
- Evacuación de víctimas según técnicas de movilización e inmovilización.
- Asistencia de soporte vital básico (ventilatorio, circulatorio).
- Coordinar las asistencias en los centros de teleoperaciones y teleasistencias.

- Colaborar con el personal médico en pacientes que requieran soporte vital básico.
- Comprobación del instrumental y equipo del vehículo sanitario.
- Mantener al día el *stock* del material sanitario.

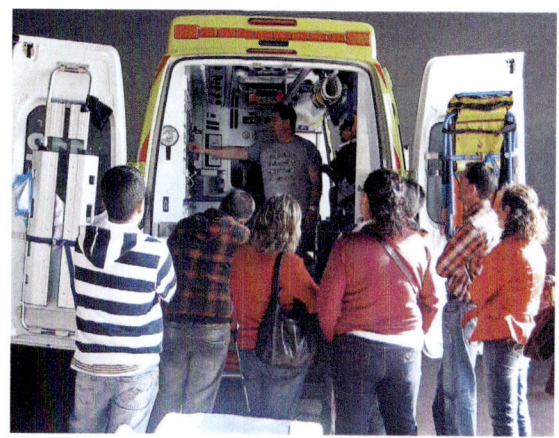

Profesional técnico sanitario

8. Responsabilidad legal

El cumplimiento de las obligaciones y responsabilidades por parte del profesional sanitario se recoge en la siguiente serie de normas:

- Al recibir una llamada de urgencias, el auxiliar que conduce la ambulancia debe dirigir cuidadosamente su vehículo hasta el lugar donde se encuentre la persona enferma o lesionada.
- Para ello, debe seguir el camino más rápido y seguro, lo cual depende de las condiciones del tráfico, del clima y de muchos otros factores que pueden afectar a su respuesta a la llamada que se le hizo.
- Debe observar los reglamentos de tránsito, así como los que conciernen a los vehículos que se emplean para atender urgencias.
- Una vez llegado al lugar del accidente, el auxiliar debe estacionar la ambulancia en un sitio apropiado. Para ello, debe tomar en consideración las características del tráfico existente o cualquier eventualidad peligrosa que pudiera presentarse.

- En caso de no encontrarse presente ningún agente de policía, los auxiliares deben buscar la ayuda de personas que se presten a poner señales de advertencia para la circulación de la zona.

- En caso de presentarse indicios de delito, los auxiliares deben dar parte a las autoridades competentes.

- Los auxiliares deben utilizar todas las fuentes de información necesarias, con objeto de determinar la naturaleza de las lesiones que afectan al paciente o la importancia y extensión de las lesiones que han sufrido.

- Los auxiliares deben examinar al enfermo o lesionado y establecer prioridades en los cuidados de urgencia que necesitan procurar.

- Durante el desempeño de sus tareas, el auxiliar debe ofrecer seguridad y tranquilidad al paciente, a los familiares y a los espectadores.

- Los auxiliares colocan al paciente en una camilla, en donde lo aseguran y lo cubren; luego lo trasladan a la ambulancia.

- La ambulancia debe ser conducida de manera que no se vea afectada la condición física o emocional del paciente, que podrían agravarse por un viraje brusco o agitado o por el ruido de la sirena.

- Los auxiliares deben observar constantemente al paciente mientras dura el traslado y administrar los cuidados suplementarios que estén indicados.

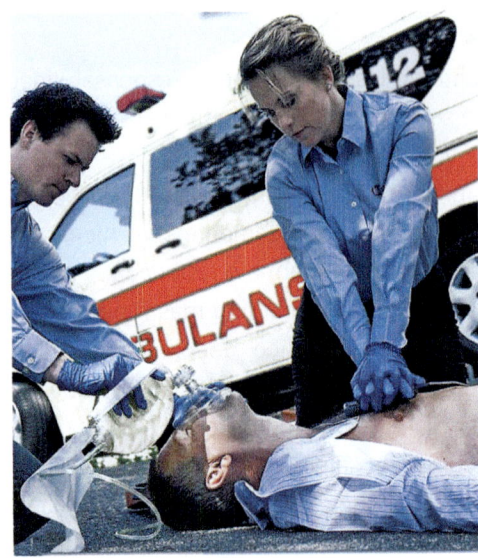

Responsabilidad del técnico sanitario

9. Transporte de órganos y muestras biológicas

Los órganos y las muestras biológicas, desde el momento en que salen del centro de donación hasta que llegan al receptor, han de regirse bajo una normativa técnica que regule su transporte y garantice la estabilidad de las propiedades biológicas.

 Nota

Dentro de la cadena del proceso de donación y trasplante, el trasporte del órgano es un eslabón tan importante como cualquier otro.

Por ello, el personal que participa en el proceso de trasporte tiene que disponer de la formación, habilidades y experiencia necesarias para realizarlo.

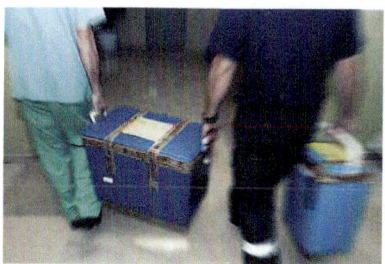 

Transporte de órganos

9.1. Condiciones idóneas para el traslado de órganos y muestras biológicas. Características físico-químicas del medio biológico o físico de transporte

El laboratorio clínico deberá seguir un protocolo para la conservación y trasporte de las muestras desde el momento en que se obtienen hasta el momento de la entrega. Los responsables del trasporte han de seguir unas normas o instrucciones de trabajo para que se conserven las características originales de las muestras.

Las variables que influyen en la estabilidad de la muestra, según F. Batista, M. Madruga y A. Caballero (2010), son:

- **Agitación de la muestra:** evitar movimientos bruscos y trasportarla en sus soportes y fijaciones.
- **Exposición a la luz:** evitar exponer la muestra a la luz directa.
- **Orientación del recipiente primario:** mantener siempre en posición vertical.
- **Presión atmosférica:** en el trasporte aéreo han de ir embaladas las muestras en recipientes que resistan los cambios de presión.
- **Temperatura:** mantener las muestras siempre a la temperatura adecuada de conservación.
- **Tiempo de trasporte:** no han de existir demoras en los trasportes de las muestras.
- **Embalaje y etiquetado:** en el momento de trasportar las muestras, se deberá observar que el etiquetado o señalización esté en correcto orden.
- **Tiempo de almacenamiento:** cuanto mayor sea este, mayor es el riesgo de deterioro de las muestras. Además, hay que tener en cuenta que la vida útil de la muestra dependerá de factores como la naturaleza de la muestra y el tipo de análisis que se va a realizar.
- **Composición de la muestra:** en función de la muestra (orina, saliva, tejidos, sangre...) tiene unos requisitos de conservación. Las muestras biológicas pueden contener enzimas, microorganismos u otros componentes que alteren su estabilidad con el paso del tiempo o con un tratamiento inadecuado.
- **Uso de aditivos o conservantes:** este tipo de productos permiten mantener la estabilidad de los componentes durante el almacenaje y transporte.
- **pH y composición química:** el pH de la muestra puede afectar la estabilidad de proteínas, enzimas o ácidos nucleicos. Por tanto, los cambios en el pH pueden inducir a la desnaturalización de las proteínas o a la degradación de moléculas esenciales. Por otro lado, la concentración de

iones y la presencia de reactivos también son críticos para garantizar la estabilidad de la muestra.

- **Humedad:** las condiciones de humedad alta pueden favorecer la creación de bacterias o el deterioro de algunas muestras biológicas. Por el contrario, una humedad baja, puede afectar el rendimiento de las muestras o causar evaporación de componentes volátiles.
- **Tipo de contenedor:** los materiales plásticos puede interactuar con las muestras de manera diferente, lo que puede dar lugar a absorción o descomposición de los componentes de la muestra.

Cuando se va a realizar un trasporte por vía terrestre, se deberán tener en cuenta una serie de requisitos o normas de acuerdo ADR (2003) 5. Por vía aérea, se tendrán que aplicar una serie de reglamentos sobre mercancías peligrosas.

 Nota

Las normas y organismos que regulan el embalaje del transporte por carretera son: ADR (Acuerdo europeo sobre trasporte de mercancías peligrosas por carretera), OMS (Organización Mundial de la Salud) y ONU (Organización de las Naciones Unidas).

Se expone en la siguiente tabla el código correspondiente a la mercancía peligrosa (materias infecciosas y muestras de diagnóstico).

	NORMATIVA QUE REGULA LAS MERCANCÍAS PELIGROSAS (MATERIAS INFECCIOSAS Y MUESTRAS DE DIAGNÓSTICO)				
	ADR (MERCANCÍAS PELIGROSAS) 2011 SUBDIVISIÓN	ADR (MERCANCÍAS PELIGROSAS) 2011 EMBALAJE	OMS GRUPO RIESGO	ONU NÚMERO	ONU EMBALAJE
MATERIAS INFECCIOSAS	6.2 I1	P620	2,3,4	UN 2814	602
MUESTRAS DE DIAGNÓSTICO	6.1 I4	P650	1	UNO 3373	650

Los embalajes destinados a las muestras diagnósticas pueden estar constituidos por 3 elementos:

Recipiente primario

Debe estar diseñado para evitar derramamientos o ser estancado. En cuanto al material, debe estar hecho de vidrio, metal o plástico, dependiendo del tipo de muestra o temperatura. Se deberá trasportar en forma vertical y de una manera correcta.

Recipiente secundario

Es el que recubre el recipiente primario. Como característica principal, debe estar hecho de un material resistente que permita retener cualquier tipo de líquido que pueda desechar el recipiente primario. Si no existe el recipiente terciario, se debe rotular y señalizar, según el contenido o la muestra que contenga el recipiente secundario.

Recipiente terciario

El recipiente terciario tiene la función de recubrir el recipiente secundario. Su forma puede ser cuadrada, redonda o cilíndrica. El material con el que está hecho debe ser resistente a los golpes y la humedad. Al igual que el recipiente secundario, debe estar etiquetado con la dirección completa del remitente y el nombre del laboratorio a donde se dirige.

Se debe tener en cuenta que:

- El recipiente terciario debe estar marcado o etiquetado en dos de sus cuatro lados para señalar la posición en la que debe ir la caja.
- Para continuar con la cadena de frío, es importante señalizar la caja por medio de una etiqueta con los grados centígrados o Fahrenheit mínimos o máximos a los que debe estar expuesta.
- Si se utiliza hielo carbónico, debe estar ubicado fuera del recipiente secundario (RS) y terciario (RT), permitiendo así la salida del dióxido de carbono.
- Si se trasporta material biológico infeccioso, debe etiquetarse correctamente.
- Si el recipiente lleva hielo seco o nitrógeno líquido, tiene que llevar una etiqueta específica.

El medio de trasporte que se utiliza en cada caso depende de dos factores:

- **Tiempo de isquemia fría:** tiempo que el órgano es viable para poder ser trasplantado desde que se queda sin circulación sanguínea.
- **Accesibilidad al hospital receptor:** para el desplazamiento de los equipos/órganos, la logística variará en función de la distancia entre hospital donante y el receptor. Por esto, se diferencian 4 tipos básicos de desplazamientos:

  - **Locales:** cuando el hospital donante y el receptor se encuentran en la misma ciudad o área de influencia. Se suele utilizar el medio terrestre para el trasporte (ambulancia o coche privado).
  - **Distancias cortas:** cuando entre hospitales hay una distancia menor a 300 km. Los traslados suelen realizarse de manera preferente en automóvil o avión, dependiendo del tiempo de isquemia fría.
  - **Largas distancias:** cuando el tiempo de isquemia fría del órgano requiere la utilización del avión privado para su traslado.
  - **Envíos de varias compañías aéreas:** siempre que coincidan con algún vuelo programado.

 **Importante**

El tiempo máximo aceptable en que los órganos pueden estar sin circulación sanguínea varía dependiendo del órgano, pudiendo ser de 4 h para el corazón, alrededor de 17 a 20 h para el hígado y 36 h para el riñón.

10. Resumen

El triaje debe ser personalizado, completo, simple y sencillo, preciso y seguro, flexible y dinámico.

Entre las funciones del profesional, se encuentran: la organización del triaje, la estabilización de paciente y el traslado de pacientes.

La responsabilidad legal implica dirigir el vehículo de manera responsable hasta el sitio del suceso siguiendo el camino más rápido y seguro, no olvidar las condiciones climatológicas, respetar las señales de tránsito y aparcar en el sitio apropiado y en las condiciones indicadas, según la ubicación de las víctimas.

La transferencia de pacientes se define como la comunicación que realizan los profesionales sanitarios a lo hora de entregar la información clínica de una paciente a otro profesional sanitario.

La transferencia verbal es la descripción objetiva del suceso, el paciente, su diagnóstico, tratamiento y cuidados.

La transferencia documentada es el soporte físico que contiene la historia clínica, formatos de enfermería y formatos asistenciales en general.

Las plataformas de telecomunicaciones están compuestas por las emisoras de base, radio, el GPS y la telefonía móvil.

Antes de realizar cualquier tipo de traslado, el centro provincial o estatal de coordinación lo debe autorizar.

Ejercicios de repaso y autoevaluación

1. **La transferencia del paciente se puede realizar de dos formas...**

   a. ... forma individual y forma colectiva.
   b. ... forma colectiva y temporal.
   c. ... forma definitiva e individual.
   d. ... forma temporal y definitiva.

2. **En el lenguaje radiofónico, se deben respetar ciertas normas, ¿cuáles son?**

   a. Hablar fuerte, claro, lentamente, separando el micrófono unos 5 cm y evitar los silencios prolongados.
   b. Es importante que los dos interlocutores estén ubicados en diferente canal. Si no lo están, ninguno podrá escucharse.
   c. Escuchar atentamente antes de enviar el mensaje, así se evitará interrumpir al receptor.
   d. Las opciones a y c son correctas.

3. **Los códigos utilizados en el lenguaje radiofónico son (indique la respuesta incorrecta):**

   a. Codificación de letras.
   b. Codificación de cifras.
   c. Codificación de vocales.
   d. Abreviaturas institucionales.

4. **¿Cuáles son los tipos de transmisión de datos?**

   a. Transmisión ofimática.
   b. Transmisión análoga, guiada y digital.
   c. Transmisión diferencial.
   d. Transmisión por gravedad.

5. En la valoración continuada del paciente durante el traslado, se debe tener en cuenta...

    a. ... la monitorización de los signos vitales.

    b. ... cambiar de medicamentos cuantas veces sea necesario.

    c. ... realizar cambios de posición del paciente.

    d. ... que nadie debe ir junto con el paciente. Todo el equipo sanitario irá adelante.

6. ¿Qué es el triaje?

    a. Es el triángulo de las constantes.

    b. Es una valoración cefalocaudal.

    c. Es la manera de clasificar a los pacientes dependiendo del grado de severidad en que se encuentran.

    d. Todas las opciones son incorrectas.

7. ¿Cómo debe ser el triaje?

    a. Lo más breve y rápido posible.

    b. Flexible y rápido.

    c. Lo más dinámico posible.

    d. Personalizado, flexible y dinámico.

8. ¿Cuáles son las funciones del profesional?

    a. Estabilización de paciente: la función prioritaria del personal sanitario es estabilizar a las víctimas, atendiendo en primer lugar sus constantes vitales y evitando el agravamiento de posibles lesiones.

    b. Avisar a las autoridades competentes sobre el incidente.

    c. No tiene ninguna función principal definida.

    d. Son los encargados de realizar todo tipo de funciones.

9. ¿Cuál de estas variables no influye en el transporte de órganos?

    a. El tiempo de trasporte.

    b. Exposición a la luz.

c. Fecha de caducidad del órgano.
d. Embalaje y etiquetado.

10. **¿Cuáles de los siguientes elementos se podrían utilizar en el embalaje de las muestras diagnósticas?**

a. Recipiente cuaternario.
b. Recipiente secundario: recipiente de protección de uno o más recipientes primarios. Tiene que ser estanco y tener un material absorbente suficiente para absorber la totalidad del contenido de los recipientes primarios si se derramaran. Si no hay recipiente terciario, tiene que ir etiquetado con la frase "muestra de diagnóstico" y los pictogramas reglamentarios.
c. Recipiente de aleación de aluminio.
d. Cualquier recipiente, ya sean cajas o vidrios, servirá.

Bibliografía

Monografías

❚ ABRISQUETA García, J., JUÁREZ Torralba, J., PÉREZ Vigueras, J. [et al.]: *Manejo movilización y transporte de víctimas, heridos y politraumatizados.* Madrid: Aran, 2001.

❚ ÁLVAREZ, J., ARTIGAS, A. y BELDA, F.: *Tratado de cuidados críticos y emergencias.* Madrid: Aran, 2002.

❚ AYUSO Baptista, F. y RUÍZ Madruga, M.: *Protocolos de actuación del técnico en emergencias sanitarias (I) no asistenciales.* Madrid: Arán, 2010.

❚ AYUSO Baptista, F., RUÍZ Madruga, M. y CARAVACA Caballero, A.: *Protocolos de actuación del técnico en emergencias sanitarias (II) asistenciales.* Madrid: Arán, 2010.

❚ CASTEJÓN de la Encina, M.: *Seguridad clínica en los servicios de emergencia prehospitalaria.* Barcelona: Elsevier, 2019.

❚ CARRASCO, M., DE LA PAZ, J., ÁLVAREZ C. [et al.]: *Tratado de emergencias médicas.* Madrid. Aran, 2000.

❚ CHAPLEAU, W. y PONS, P.: *Técnico en emergencias sanitarias.* Barcelona: Elsevier, 2008.

❚ GARCÍA Moreno, L. y RODRÍGUEZ Pérez, A.: *La movilización precoz en pacientes politraumatizados: análisis de protocolos en servicios de emergencias.* Revista Española de Medicina de Emergencias, 2022.

❙ HERRERA, M., GARCÍA J., BORREGO, J. [et al.]: *Protocolo de transporte primario urgente y de enfermos críticos*. Sevilla: Servicio Andaluz de Salud, 2000.

❙ IGLESIAS Vásquez, J.: *Técnicas en emergencias sanitarias. Teleemergencias*. Madrid: Aran, 2009.

❙ JIMÉNEZ Murillo, L. y MONTERO Pérez, F. J.: *Medicina de Urgencias y de emergencias: Guía de diagnóstico y protocolo de actuación*. Barcelona: Elsevier, 2018.

❙ Ministerio de Sanidad, Consumo y Bienestar Social: *Guía clínica para la movilización y manejo inicial de pacientes en accidentes de tráfico*. Gobierno de España, 2020.

❙ MORILLO, J.: *Manual de enfermería de asistencia prehospitalaria urgente*. Madrid: Elsevier, 2014.

❙ NICOLÁS, J., RUIZ, J., JÍMENEZ, X. [et al.]: *Enfermo crítico y emergencias*. Barcelona: Elsevier, 2011.

❙ PÉREZ Salvador, P. y CAMPUZANO Fernández, J. A.: *Manual de técnicos de transporte sanitario*. Madrid: Arán, 2009.

❙ Revista Sanitaria de Emergencias: *Revisión de los dispositivos de inmovilización: implicaciones en pacientes politraumatizados*. Revista Española de Emergencias, 2024.

❙ RODRÍGUEZ, A., PELÁEZ, M. y JIMÉNEZ, L.: *Manual de triaje prehospitalario*. Barcelona: Elsevier, 2008.

❙ RODRÍGUEZ, J.: *El traumatizado de urgencias, protocolos*. Madrid: Díaz de Santos, 2000.

❙ SILVA, L. y MUÑOZ, D.: *Fundamentos del transporte sanitario*. Sevilla: Eduforma, 2006.

❙ VV. AA.: *Guía de práctica clínica. Seguridad del paciente*. Sevilla: Grupo EPES (Empresa pública de emergencias sanitarias), 2010.

❙ VV. AA.: *Protocolos de urgencias y emergencias más frecuentes en el adulto*. Sevilla: Servicio Andaluz de Salud, 2006.